Masami Saionji

Die Kraft des friedvollen Herzens

Aquamarin Verlag

Copyright der japanischen Originalausgabe:
Masami Saionji
Übersetzung der englischen Ausgabe
„The Golden Key to Happiness“
von Karl Friedrich Hörner
Titelbild Gabriele L. Berndt
Umschlaggestaltung: Annette Wagner

3. Auflage 1999

Voglherd 1 • D-85567 Grafing

Druck Ebner Ulm

ISBN 3-89427-052-7

»Ein Buch voll Licht und Freude …«

Obwohl wir versuchen, unsere Aufmerksamkeit auf die Essenz des Lebens zu richten – das geistige Wesen des Menschen –, neigen wir dazu, uns von den Dingen und Phänomenen direkt vor unseren Augen ablenken zu lassen. Der Klang der Wahrheit, den wir aus *Der Weg des friedvollen Herzens* vernehmen, wird die Herzen berühren, und dieses Buch wird vielen Menschen Licht und Freude bringen.

Dieses Buch ist eine Pflichtlektüre für jeden, der Aikido übt. Morihei Ueshiba, der Begründer des Aikido, und Masahisa Goi, der Begründer der World Peace Prayer Society, hatten die gleichen hohen Ideale. Mrs. Saionji, deren Herz und Geist eins sind mit Mr. Goi, bringt den Geist des Aikido auf vollendete Weise zum Ausdruck.

Während die Menschen dieses Buch des Lichtes lesen, bete ich, daß sich der Geist des Friedens auf der ganzen Welt ausbreiten möge.

Kisshomaru Ueshiba, Aikido Doshu
(d.h. »Meister des richtigen Weges«,
der ursprünglichen Aikido-Tradition)

»Worte des Geleits und der Weisheit …«

Hin und wieder brauchen wir etwas Geleit in unseren Leben. Wenn unser tägliches Leben reibungslos, glatt und ohne Probleme verläuft, sind wir sehr glücklich. Doch die meisten von uns empfinden im Laufe eines jeden Tages auch einmal Unruhe, Schmerzen, Besorgnis, Enttäuschung oder Gereiztheit. Wir alle haben bei der einen oder anderen Gelegenheit schon gedacht, wie herrlich es wäre, wenn wir ständig voller Hoffnung und Freude leben könnten. Manche von uns haben in Not nach Worten des Geleits gesucht in der Hoffnung, sie mögen unsere müden Herzen heilen und uns in die richtige Richtung weisen.

Dies ist ein Buch voll wunderbarer Worte des Geleits und der Weisheit. Im Laufe der Jahre, die ich das Vergnügen hatte, sie persönlich zu kennen, hat mich Mrs. Masami Saionji den Geist wahren Friedens gelehrt. Hier zeigt sie uns die allerwichtigsten Dinge im Leben, zum Beispiel mutig zu sein und niemals aufzugeben. Ich glaube fest, daß dieses bemerkenswerte Buch den Herzen vieler Menschen echten Frieden schenken wird. Ich empfehle es einem jeden, der wahren Herzensfrieden finden möchte.

Meister Soshitsu XV.
Großer Tee-Meister aus der Urasenke-Tradition

Inhalt

Einführung

Weißt du die eigentliche Ursache von Glück oder Leid in deinem einzigartigen, kostbaren Leben? Es ist dein eigenes Denken, was die Bestimmung deines Lebens hervorbringt.

Wie aber bringt dein Denken Glück oder Unglück hervor? Durch die Gedanken.

Gott erschuf alles durch Denken. Deshalb können auch wir alles durch Denken erschaffen, einschließlich unserer wunderbaren Bestimmung. Gott, die Völker, die Eltern und die Natur beeinflussen unser Geschick; vor allem aber ist es unser eigener Wille, der unser Leben gestaltet. Was du dir in deinem Denken vorstellst, ist eine starke, schöpferische Kraft, eine Kraft zur Manifestation, eine Kraft von großem Wert. Willst du ein gutes Schicksal erschaffen, mußt du allezeit gute und positive Gedanken denken und aussenden. Dann wirst du ein glückliches Leben führen können.

Wenn du dir jedoch Unglück, schlechte Gesundheit oder Krankheit in der Zukunft vorstellst und dir darüber ständig Sorgen machst, dann werden sich negative Dinge genau so als Wirklichkeit manifestieren, wie du sie erdacht hast. Der »goldene Schlüssel zum Glück« lautet: immer nur positive, niemals aber negative Gedanken zu hegen.

Jedermann wünscht sich im Grunde ein glückliches Leben. Aber bevor du ein glückliches Leben führen kannst, mußt du zuerst wissen, wie ein solches Leben zu führen ist. Die Voraussetzungen – nämlich den Schlüssel zum Glück – wirst du in diesem Buch finden. Wenn dein Herz bekümmert ist, wenn du dich belastet oder traurig fühlst, dann schlage dieses Buch auf. Im Laufe der Zeit wirst du feststellen, daß deine Denkweise sich verändert oder deine Art, eine Situation zu betrachten. Die Folge wird sein, daß alle deine Schwierigkeiten verschwinden. Wenn dein Denken sich wandelt, wirst du anfangen können, mit eigenen Händen, aus eigener Kraft eine lichte, strahlende Zukunft aufzubauen. Du brauchst nicht mehr zu verzagen, selbst wenn dir die Situation oder die Umstände, in denen du dich befindest, hoffnungslos erscheinen. Ein jeder, ohne Ausnahme, wird wahren Frieden im Leben finden, wenn er seine alte Denkweise in eine positive, lichterfüllte Denkweise verwandelt und sich nach Kräften gute, wunderbare Dinge und eine strahlende Zukunft vorstellt.

Laßt uns die Tür zu unserem Herzen auftun – die Tür, die bis heute verborgen war. Fülle den Raum hinter der Tür mit einer wahrhaftigen, strahlenden und glücklichen Lebensweise. Wenn dein Herz von lichten, positiven Gedanken ganz erfüllt ist, wird es dir leichtfallen und keine Überwindung oder Anstrengung erfordern, dir nur Gutes vorzustellen.

Von Herzen hoffe ich, daß du schon während der Lektüre dieses Buches damit anfangen wirst, dein Leben auf eine wunderbare und lichtvolle Zukunft vorzubereiten.

Masami Saionji

Teil I
Du kannst deine grenzenlose Energie ganz nutzen

Kapitel 1

Erkenne deine grenzenlose Kraft

Das Universum ist voll grenzenloser Kraft. Die gleiche grenzenlose Kraft ist in allen Menschen. Der Zweck des Lebens besteht darin, zu beweisen, daß grenzenlose Kraft, grenzenlose Liebe, grenzenlose Weisheit, grenzenloser Reichtum, grenzenlose Möglichkeiten und grenzenlose Gesundheit im Menschen angelegt sind, indem man eines nach dem anderen hervorbringt und ihnen durch seine Existenz Ausdruck verleiht.

Ich möchte dir gerne sagen: Du hast die Kraft, dein Problem zu überwinden, was auch immer geschieht. Mache davon Gebrauch. Gehe hin und nimm diese Kraft in Anspruch. Versuche dein Bestes. Wie komplex und schwierig das Problem auch erscheinen mag: Im Grunde ist es einfach und leicht, wenn du bis zu seinen Wurzeln vorstößt. Es gibt nichts Unlösbares. Deine Furcht und Unsicherheit vergrößern das Problem nur.

Nur durch Anstrengung sind die grenzenlosen Möglichkeiten zu erschließen, die jedem Menschen gleichermaßen gegeben sind. Durch Bemühen können Menschen die grenzenlosen Möglichkeiten in Anspruch nehmen, die ihnen bereits gegeben sind. Wenn du dir den ganzen Tag keine Mühe gibst, werden deine grenzenlosen Möglichkeiten für immer schlummern. Es kommt darauf an, daß du so bald wie möglich erwachst. Dann wird sich die Umgebung, in der du gelebt hast, rasch verwandeln, und um dich herum beginnt der Aufbau einer wundervollen Welt.

»Was heute noch unmöglich ist, wird morgen möglich sein – oder ich werde es möglich machen.« Diesen Satz solltest du voller Zuversicht häufig wiederholen.

Du darfst nie vergessen, daß jeder Mensch im Verborgenen über eine unbezwingbare Kraft verfügt, jedem Umstand und jedem Schicksal zu trotzen. Ergibst du dich den Umständen und deinem Geschick, so wird dies das Ende sein. Aus deinem Zustand der Resignation wird nichts Neues geboren. Erneuere ständig deine Kraft, unerwünschte Umstände zu verwandeln.

Jede Person hat die Kraft, anderen zu gefallen. Jede Person hat die Kraft, andere glücklich zu machen und ihr Leben zu bereichern. Jede Person hat die Kraft, anderen Mut zu machen. Die meisten jedoch lassen diese Kraft in den tiefsten Winkeln ihres Wesens ruhen und versuchen nicht einmal, sie zu wecken.

Du darfst die Kraft, die dir gegeben ist, nicht für immer schlummern lassen. Deshalb nimm bewußt eine neue

Herausforderung an. Ausbildung, Sport, Arbeit – alles wird dazu geeignet sein. Oder verstärke deine Anstrengungen in dem, was du bereits tust, um noch viel Besseres leisten zu können als zuvor. Setzt du dies in die Tat um, wirst du überrascht feststellen, daß du immer noch reichlich Kraft übrig hast. Je mehr Energie du einsetzt, desto mehr Energie wird mit überwältigender Macht hervorsprudeln.

Wenn du absolutes Vertrauen in deine verborgene Kraft setzt, wird deine Begabung offenbar werden. Stehst du vor einer Aufgabe, die nur schwer zu lösen ist, mußt du zuerst glauben, daß du sie gewiß bewältigen kannst. Habe volles Vertrauen in deine Kraft. Auf diese Weise wirst du jede Aufgabe erfüllen können, wie schwierig sie auch sei.

Jedermann wünscht sich »Macht«. Aber »Macht« an sich ist kraftlos. Wenn gute Menschen Macht besitzen, wird sie wunderbar stark. Solche Menschen zeigen große Kraft, führen die Welt dem Frieden entgegen und bringen anderen Glück. Wenn jedoch böse Menschen Macht besitzen, offenbart sie Gewalt, die man Tyrannei nennt. Solche Menschen zeigen ihre Macht in Morden und Kriegen und führen die Menschen in die Finsternis. Das liegt in der Natur der Macht. Warum glaubst du, Macht zu brauchen? Wenn du meinst, du bräuchtest sie, um dir egoistische Wünsche zu erfüllen, dann bleibst du besser machtlos. Wenn du dir Macht wünschst, um die Menschheit in den Frieden zu führen, dann wird Gott sie dir sofort verleihen.

Um dich selbst zu ändern, brauchst du im allgemeinen zahlreiche Erfahrungen und erstaunlich viel Zeit. Doch wenn du die große Kraft der Imagination und Konzentration einsetzt, kannst du dich innerhalb eines Augenblicks verwandeln. Dazu brauchst du dir nur intensiv dein Ideal vorzustellen und es mit deiner Energie aufzuladen.

Weißt du, wie du dich schützen kannst, wenn du an die Grenzen deines Vermögens gelangt bist oder vor einer Krise stehst? Es ist wie ein Wunder, daß jeder es weiß. Wenn du noch nie in einer solchen Situation warst, meinst du wohl, du wüßtest dir dann nicht zu helfen. Doch jeder ist imstande, Krisen zu überwinden. Selbst Neugeborene wissen sich zu schützen. Wie herrlich ist doch unsere Anpassungsfähigkeit!

Stellen wir uns einmal vor, mit großen Schwierigkeiten, Widrigkeiten oder Verzweiflung konfrontiert zu sein – vor dem Abgrund zu stehen. Zuerst sind wir derart erfüllt von Schmerz, daß wir fast den Verstand verlieren und meinen, uns von dieser Verletzung im Herzen niemals wieder zu erholen. Doch dann beginnt die verborgene Kraft in uns, Fähigkeiten unter Beweis zu stellen, die jede menschliche Vorstellung übersteigen. Allmählich wird die Kraft geboren, sich auf die Situation einzustellen, und Stärke zum Durchhalten entwickelt sich. Auf diese Weise überwinden wir alle eine Krise mit unseren ganz persönlichen Methoden. Diese Kraft hat Gott einem jeden Menschen gleichermaßen gegeben.

Kapitel 2

Deine Gedanken erschaffen dein Leben

Das Denken ist Energie, deshalb ist es möglich, alles zu erschaffen und das Denken dabei als Kraftwerk zu gebrauchen. Wie ist es möglich, durch das Denken alles zu erschaffen?

Wenn wir uns in einem Spiegel betrachten, der uns die Vergangenheit zeigt, stellen wir fest, daß die meisten von uns schlechte, dunkle Gedanken aussenden statt guter, heller. Das gleiche trifft zu, wenn ihr nur einmal über den heutigen Tag zurückblickt. Gewiß werden viele von euch feststellen, daß sie sich zwischen dem Erwachen am Morgen und dem Einschlafen am Abend häufiger beschwert und andere Menschen kritisiert und beschimpft haben, als sie mit aufmunternden Worten lobten. Dies wollen wir von heute an ändern.

Nichts ist so beängstigend wie blinder Glaube. Ihr, die ihr blind glaubt, die unglücklichsten Menschen auf der

Welt zu sein; ihr, die ihr glaubt, bei allem zu versagen, was auch immer ihr in Angriff nehmt; ihr, die ihr glaubt, anderen nur als Zielscheibe ihres Spottes zu dienen; ihr, die ihr glaubt, nichts wert zu sein, wie sehr ihr euch auch anstrengt und bemüht – solange ihr unerschütterlich glaubt, daß ihr Pech haben werdet, könnt ihr eurem Unglück nicht entrinnen. Wenn ihr euch nicht trennt von eurem blinden Glauben, könnt ihr nicht anders als unglücklich sein, denn das universelle Gesetz bestimmt, daß sich die Welt in Übereinstimmung mit eurem Denken verhält. Nichts anderes als dein eigener blinder Glauben an deine Verzweiflung kann diese in die grenzenlose, weite Welt deines Selbst einführen.

Wenn du die spirituelle Energie freisetzen willst, die im Herzen und Körper wohnt, um jederzeit frei und freudig leben zu können, mußt du Gedanken zurückweisen, die sich wie Fesseln um dein Herz schlingen: Gedanken wie dunkle Depression, Wut, Furcht und Ängstlichkeit. Damit spirituelle Energie in deinem Herzen wachsen und ihre Kraft ganz offenbaren kann, ist es nötig, daß du ständig Gedanken der Dankbarkeit, der Bewunderung und der Heiterkeit hegst.

Nichts in dieser Welt steht dir im Wege. Dein eigenes Denken, es stehe dir etwas im Wege, ist das einzige, was dir im Wege steht.

Unser Bewußtsein vermag aufgrund seiner Beschaffenheit unsere körperlichen Funktionen, Emotionen und Gedanken perfekt zu beherrschen.

So nimmt dein Leben Gestalt an: Zuerst existiert der Wunsch – er wird allmählich gewärmt in deinem Herzen – er wächst und wird geboren. Er wird nicht von den Gedanken anderer erschaffen, von den Erwartungen anderer, von der Lebensweise anderer oder aus der Kraft anderer. Dein echtes Verlangen wird immer in Erfüllung gehen. Deine Wünsche, die aus dem Grunde deines Herzens entspringen, sind das Geheimnis, um alles zu erreichen.

Entscheide in deinem Herzen, was du tun möchtest, und gehe dann geradewegs auf dein Ziel zu. Laß dein Herz nie von dem Ziel abweichen, das du von Herzen zu erreichen wünschst. Es ist wichtig, das ersehnte Ziel in dein Herz zu ziehen und es dort für eine lange Zeit zu halten. Wenn die rechte Zeit kommt, wird sich dein Verlangen bestimmt erfüllen. Bis ein Ziel erreicht ist, denke nicht an unnötige Dinge. Laß dein Trachten nicht in andere Richtungen wandern. Laß dich von den Meinungen anderer nicht abbringen. Konzentriere dich mit deinem ganzen Herzen auf das eine Ziel.

Dein Charakter und deine Persönlichkeit bilden sich aus dem, woran du Tag und Nacht denkst. Auf der Straße begegnen wir zuweilen einer Person von großer spiritueller Schönheit. Es ist, als würden uns die edlen Gedanken, die sie jeden Tag hegt, spontan übermittelt. Die Art, wie du denkst, bestimmt genau, was du wirst.

Es ist deine eigene Einstellung oder Betrachtungsweise, die die Dinge schlechter macht oder erscheinen läßt. Wenn du nicht die schlechte Seite der Dinge anerkennst, existieren schlechte Dinge nicht einmal. Nur Göttlichkeit existiert.

Es ist wichtig, negative Gefühle so weit wie möglich in deinem Inneren zu bearbeiten und zu versuchen, ihnen keinen Ausdruck zu geben. Unter negativen Gefühlen verstehe ich zum Beispiel Worte wie: »Nichts wert«, »Kann ich nicht«, »Nein!«, »Elend«, »Töricht«, »Mag ich nicht«, »Ich will sterben«, und so weiter. Wenn sich solche Gedanken und Gefühle in dein Denken und Herz schleichen, so versuche augenblicklich, sie in deinem Innern zu verarbeiten, bevor du ihnen in Wort und Haltung Ausdruck verleihst. Versuche, allezeit positive Gefühle zu hegen: »Das kann ich gewiß tun«, »Ich werde für andere nützlich sein«, »Alles wird bestimmt besser«, »Das ist in Ordnung«, »Ich kann das überwinden«, »Ich werde niemals weglaufen, was auch geschieht«, »Ich werde mich der Situation stellen.« Wenn du ständig solche positiven Gedanken hegst, wirst du auf wunderbare Weise in der Lage sein, genau das zu tun, was deine Gedanken vorwegnahmen.

»Das Glas ist halb leer.« – »Das Glas ist halb voll.«

»Ich bin zu alt, um so etwas tun zu können.« – »Ich bin nicht so alt, daß ich dies nicht tun könnte.«

»Das sind die letzten Tage meines restlichen Lebens.« – »Heute ist der erste Tag vom Rest meines Lebens.«

»Es gibt kein Morgen.« – »Es gibt immer ein Morgen.«

»Ich habe nur noch zehn Jahre zu leben.« – »Ich habe noch ganze zehn Jahre vor mir.«

»Meine Beine rühren sich nicht.« – »Ich kann immer noch meine Hände bewegen.«

Diese beiden Arten, die Dinge wahrzunehmen, bezeichnen die gleichen Situationen, aber sie teilen die Welt in Licht und Dunkel, Plus und Minus, Positiv und Negativ.

Auf welche Weise denkst du jeden Tag? Wenn dein Denken ganz dunkel und negativ ist, dann müssen deine Tage erstickende Trübsal sein und dein Leben ohne Hoffnung. Ändere deine Denkweise gleich jetzt. Richte dein Denken auf die positive Art zu leben, auf die Plus-Energie, dann wird es in deinem Leben gewiß bergauf gehen.

Wenn du immer Scheitern befürchtest, dann wirst du bestimmt scheitern. Wenn du dich ständig wegen Krankheiten sorgst, wirst du dir eines Tages eine Krankheit zuziehen. Wenn du immer versuchst, an freudige, glückliche Dinge zu denken und dich so heiter wie möglich verhältst, wirst du gewiß eines Tages glücklich werden.

Selbst wenn es dir gelingt, den Umständen zu entfliehen, die dir gegeben sind, werden die gleichen Umstände dich verfolgen, denn deine Umgebung verändert sich nicht, solange dein Herz und Sinn sich nicht wandeln. Umgebung und Umstände, die dir jetzt gegeben sind, bilden die Welt, die du in deinem Denken und Herzen schon lange ausgemalt hast; sie sind die Ausgestaltung der Welt deiner Vorstellung. Die Menschen meinen oft, jedes Geschehen in ihrer Umgebung den anderen und der Gesellschaft vorwerfen zu können; doch dies ist nicht der Fall. Jedes Ereignis in deiner Umgebung hat sich aus den Schwingungen deines Denkens entwickelt. Wenn die Schwingungen deines Denkens immer wunderbar und fröhlich sind, wird deine Umgebung zweifellos eine Welt sein, die immer von Glück und Lachen erfüllt ist. Wenn die Schwingungen deines Denkens düster und gedämpft sind, dann wird die Atmosphäre, die dich umgibt, immer dunkel und unangenehm sein. Das Prinzip ist nicht, daß du dich unter dem Einfluß deiner Umgebung veränderst, sondern daß deine Umgebung sich wandelt, wenn du selbst dich veränderst.

Manchmal eilen unsere Gedanken endlos und fliegen frei umher, als ob sie nicht stillzustehen wüßten. Es ist schön, auf eine helle, lichtvolle Zukunft zuzueilen. Aber es ist nicht gut, deine Gedanken in die Abgründe des Dunkels und der Einsamkeit wandern zu lassen, die dich, sobald du hineingetreten bist, in die grenzenlose Welt der Dunkelheit hinabziehen können. Zuweilen bringen deine Gedanken Ereignisse aus jener dunklen Welt unreflektiert in die Welt der Realität herauf. Wenn dein Denken dazu neigt, selbständig dem Dunkel entgegenzutreiben, dann mußt du es bremsen und zurückhalten.

Du kannst auf keinen Fall unglücklich werden, solange du keinerlei Zweifel hegst. Doch dein Zweifeln zerstört alles Glück in deinem Leben. Der Zweifel dringt in dein Denken ein, sobald du dich von dem Gesetz des Universums entfernst, und er zieht negative Gedanken an. Um diesen negativen Gedanken keinen Raum zu geben, mußt du dein Denken immer auf Gott ausrichten.

Wir alle sind fähig, dem Weg des Lebens zu folgen, wie wir es beschlossen haben.

Wir alle sind fähig, so glücklich zu werden, wie wir es beschlossen haben.

Wir alle sind fähig, so viel zu bekommen, wie wir es beschlossen haben.

Wir alle sind fähig, so zu leben, wie wir es beschlossen haben.

Wir alle sind fähig, so gesund zu bleiben, wie wir es beschlossen haben.

Das heißt, unser Leben entfaltet sich genau auf die Weise, die wir gewünscht und uns vorgestellt haben.

Kapitel 3

Deine Worte sind lebendig

Worte besitzen überwältigende Macht. Wenn das gleiche Wort oft genug wiederholt wird, wird eine Lüge zur Wahrheit, und Wahrheit wird zur Lüge. Durch häufiges Wiederholen wirst du im Laufe der Zeit den Inhalt des Wortes verkörpern. Häufiges Wiederholen führt zur Selbsthypnose. Wenn du auf selbsthypnotische Weise schlechte Worte wiederholst, wird es beträchtliche Anstrengung und Ausdauer erfordern, um sich von dem Banne ihrer Wirkung zu befreien.

Einmal in die Welt gesetzt oder ausgesandt, währt jeder Gedanke, jede Tat und jedes Wort ewig und verschwindet nie wieder. Das ist das Gesetz in dieser Welt. Gedanken, Taten und Worte haben nicht nur die Kraft, sich jegliche Elemente anzuziehen, die sie brauchen, um konkrete Wirklichkeit zu werden. Darüber hinaus sind alle deine Gedanken, Taten und Worte für dein Schicksal verantwortlich, sei es gut oder schlecht.

Laßt uns zeitlebens darauf achten: Wir wollen diesen Tag voll und ganz leben, nur Worte der Güte, Liebe und Anteilnahme sprechen und uns jeglicher Art von bösen Worten enthalten. Wenn ein anderer böse Worte ausspricht, wollen wir besonnen sein und das Thema sofort wechseln.

Sei nicht zu gierig, in deinem eigenen Interesse. Wenn du unbedacht alle Worte aufgenommen hast, die diese Welt überschwemmen, dann hast du dir eine enorme Bürde erworben. Du hast deine Freiheit verloren, du hast Schmerzen und du ringst nach Luft. Wie töricht und bedauerlich ist das! Wenn es in dieser Welt eine Regelung gäbe, daß Worte gekauft werden müssen – würdest du dann wirklich ohne Unterschied alle kaufen? Ich denke nicht. Du würdest wohl überlegen und abwägen, bevor du kaufst. Du würdest nicht genug Geld oder Energie haben, um alle Worte zu kaufen. Du bräuchtest auch keine Worte zu kaufen, die gegen dich wirken würden, die du nicht magst oder die dir nicht gefallen. Welche Art von Worten würdest du dann hauptsächlich kaufen? Du würdest solche Worte erwerben, die dich selbst und andere ermutigen, beleben oder anregen – glückliche, friedvolle oder inspirierende Worte.

Ja, das ist gut. Stelle dir vor, daß du Worte kaufen willst: Bedenke sie wohl und verwahre die gewählten Worte sorgfältig in dir. Sei niemals gierig.

Denke aber auch darüber nach, wer deine Worte kaufen wird. Wenn du immer gemeine Worte von dir gibst oder solche, die die Herzen anderer durchbohren, sie verletzen oder ihnen Leid zufügen, wird sie dir keiner abnehmen wollen. Selbst deine Eltern und Freunde, die dich lieben, würden sich davor scheuen. Nicht ein einziges von den Worten, die du geäußert hast, wird sich verkaufen lassen. Deine Energie wird abnehmen und negativ werden, du wirst verarmen und nicht fähig sein, weiter zu leben. Auf diese Weise peinigst du dich mit deinen Worten selbst.

Noch etwas anderes. Wenn du Worte immerzu nur kaufst – auch wenn es gute sind –, werden dein Geld und deine positive Energie abnehmen. Du mußt schließlich auch einen Gewinn erzielen. Ist es dann nicht besser, zu verkaufen als einzukaufen? Du erzielst größeren Gewinn, wenn du viele gute Worte ausdenkst, deine Produktion steigerst und deine Erzeugnisse an viele Menschen verkaufst. Es ist wichtiger, positive Energie anderen zu geben, als sie zu empfangen.

Unter Worten verstehe ich Energie. Wenn du böse Worte ablehnen kannst, wird die positive Energie in dir selbst nicht verloren gehen. Wenn du Worte annimmst, die glücklich machen, wird die positive Energie in dir immer weiter zunehmen. Die wunderbaren Worte, die du anderen gibst, haben zwei- oder dreimal mehr Kraft als die Energie, die du von anderen empfängst. Das ist das Gesetz des Universums, es ist Wahrheit. Gib deshalb alles, was in dir ist.

Kritisiere nicht deine Kinder, deinen Mann oder deine Frau. Du darfst dich zu keinerlei Vorurteilen hinreißen lassen, noch darfst du diesen Vorurteilen irgendeinen Namen geben: ein Idiot, ein Tor, ein Taugenichts, eine faule Person, ein Lügner, ein Unmensch! Die Person, die du mit einem solchen Ausdruck belegst, wird ihn am Ende verkörpern. Selbst wenn du nur wenige solche Gedanken hegst, so wirf diese Worte doch niemals jemandem direkt vor. Du solltest dir über die gewaltige Energie im klaren sein, die ein jedes Wort in sich trägt.

Zu denen, die du liebst, sprich solche Worte: »Ich brauche dich von Herzen.« – »Ich bin auf dich angewiesen.« – »Du bist sehr wichtig für mich.« – »Du bist wunderbar.« – »Du bist hell und heiter.« – »Du bist sanft und freundlich.« – »Du bist wunderschön.« – » Du bist schick.« – »Du bist begabt.« – »Du bist großzügig und nicht nachtragend.« – »Du bist fürsorglich.« ... Gebrauche solche positiven Worte reichlich gegenüber deinen Kindern, deinem Mann oder deiner Frau. Dann werden sie bald dieser Worte würdig werden.

Lobe und bewundere dein Kind immer. Lobe und bewundere deine Frau oder deinen Mann immer. Lobe und bewundere Vater und Mutter immer. Lobe und bewundere deine Freunde und Bekannten immer, deine Nachbarn und alle Menschen.

Vermeide und zügele allzeit Worte des Zorns. Vermeide und zügele allzeit Worte des Neides. Vermeide und zügele allzeit Worte des Leids. Vermeide und zügele allzeit Worte des Kummers.

Warum denkst du nicht an das Herz der anderen? Deine Worte haben Dornen. Scharfe Worte – auch wenn sie zum Wohle anderer gemeint sind –, werden die Empfänger zu negativen Reaktionen veranlassen. Die Menschen werden nicht gestatten, daß deine Worte in ihr Herz eingehen.

Wie kannst du das Herz eines anderen verletzen und im eigenen zufrieden sein? Wie fremd ist das doch! Lerne, deinen eigenen Schmerz mehr zu fühlen; pflege Einfühlungsvermögen und fördere ein Herz, das den Schmerz des anderen verstehen kann.

Manche Menschen prahlen mit ihrem verbalen Wissen, das nicht auf eigener Erfahrung beruht. Solche Worte und Taten können die Herzen anderer nicht wirklich erreichen oder anziehen, ganz gleich wie herrlich solche Worte und Taten auch sind.

Wenn du Worte äußerst, die die Wahrheit stärken – daß jedes Menschenwesen göttlich und strahlend ist –, und wenn du Worte äußerst, die die Seelen anderer inspirieren, dann hast du andere wirklich lebendig gemacht.

Es gilt als Spaß, über deinen Mann oder deine Frau, Freunde und Bekannte zu lästern. Die Konversation belebt sich, wenn jemand anfängt, über einen anderen zu klatschen. Weil wir es bis jetzt gewohnt sind, Vergnügen daran zu empfinden, unserem angestauten Groll durch übles Nachreden Ausdruck zu geben, können wir dem vermutlich nicht abhelfen. Das Lästern ist auch schwer zu stoppen, weil es ein Ausdruck unseres Verlangens ist, für etwas Größeres gehalten zu werden, als wir sind. Doch wir sollten stärker werden. Laßt uns solche Menschen werden, die Freude daran haben, andere aufzubauen, anstatt weiter zu versuchen, uns als überlegen zu geben, indem wir andere erniedrigen.

Wenn jeder in dieser Welt gleichermaßen begänne, nur

Worte der Liebe zu sprechen – wie würde die Welt wohl aussehen? Worte der Liebe zu sprechen bedeutet, daß alle Energie schöpferisch zum Positiven wirkt. Es bedeutet, von Glück, Wohlstand und Gesundheit zu sprechen und niemals über Unglück, Krankheit, Armut und dergleichen zu reden, was auch immer sein mag. Das Wort ist lebendig. Das Wort ist Energie. Das Wort hat schöpferische Kraft. Alles wird durch das Wort bestimmt.

Teil II
Du kannst alle Beziehungen in deinem Leben verbessern

Kapitel 4

Zwischen Männern und Frauen

In der Ehe begegnen sich zwei völlig unterschiedliche Individuen, vereinigen sich und erschaffen eine neue Welt. Während sie miteinander zusammenleben, sich achten, anerkennen, vergeben und helfen, erwerben sie allmählich gemeinsam Harmonie und Vollendung. Es ist, als ob die Leere, die existiert hatte, solange jeder von ihnen allein war, nun anfängt zu heilen, da sie erfüllt wird, Stück für Stück. Dieser Prozeß ist vergleichbar damit, wie völlig verschiedene Atome, Wasserstoff und Sauerstoff, einander begegnen, um einen neuen Stoff hervorzubringen, den man Wasser nennt.

Wenn man durch die Ehe nicht schöner erblüht als vorher, kann sie keine wahre Ehe genannt werden.

Im Grunde sollte die Ehe Freiheit bieten, nicht Einschränkung. Man sollte in der Ehe viel freier sein als allein. Das ist eine wahre Ehe. Viele Ehen scheitern, weil die Menschen das nicht verstehen. Beide Menschen müssen mehr Freiheit miteinander teilen als zuvor, und einander auch mehr Freiheit geben. Jeder Partner muß seine oder ihre Freiheit schätzen und die Freiheit des anderen gleichermaßen achten.

Mann und Frau sind in der Ehe wie Spiegel. Wenn du deinen Gefährten widerspiegelst und ein häßliches Bild wahrnimmst, kannst du es nicht ihm oder ihr vorwerfen, weil die Häßlichkeit in dir selbst wohnt.

Mann und Frau sind in der Ehe wie die Zeiger einer Uhr. Nur wenn der lange und der kurze Zeiger vollkommen ausbalanciert sind, kann die Uhr ihre Aufgabe erfüllen und die Zeit anzeigen. Wenn ein Zeiger versucht, sich hervorzutun, das Werk als Ganzes zu ignorieren und sich nach eigenem Gutdünken zu drehen, dann wird die Uhr nicht mehr die richtige Zeit anzeigen können. Auf die gleiche Weise müssen Mann und Frau gemeinsam die Uhr des Lebens harmonisch im Fluß des ganzen Universums voranbringen.

Nie begegnest du der gleichen Person ein zweites Mal, denn jeder verändert sich ständig, von Sekunde zu Sekunde. Dies gilt sogar für Eltern und Kinder, Mann und Frau, Bruder und Schwester. Du irrst dich, wenn du das Vergangenheitsbild einer Person aufgreifst und meinst, was du jetzt siehst, sei die gleiche Person, die du früher gesehen hast. Natürlich veränderst auch du dich von Sekunde zu Sekunde. Lebe mit dieser Tatsache und präge sie dir ein: Alle Menschenwesen erneuern und verändern sich ständig.

Wie viele Paare und Liebende haben die Illusion, einander tief zu lieben? Auf die Probe gestellt, erweist sich ihre Liebe als bloße Eigenliebe, weil es immer Angst und Furcht dabei gibt. Das ist keine echte Liebe. Menschen, die echte Liebe empfinden, sind völlig hingegeben und können denen, die sie lieben, alles von ihrem Leben bieten. Bei solchen Menschen gibt es weder Furcht noch Angst, in ihnen existiert nur die Freude der gegenseitigen Unterstützung und Hingabe. Liebe macht euch selbstlos. Für die wahrhaft Liebenden gibt es keinen Tod mehr.

Wenn du weiterhin ständig besessen bist von deinem eigenen Versagen sowie von dem früheren Verhalten, den Schwächen usw. deines Mannes, deiner Frau oder der Kinder, wirst du ähnliche Fehlleistungen hervorrufen und wiederholen. Jedes Versagen und jedes solcher Ereignisse und Versäumnisse gehört zu einer Vergangenheit, die bereits verschwunden ist. Doch jedes Morgen ist absolut neu, und deine leuchtende Zukunft fängt gerade an. Wenn du dich aber fesselst mit deinen eigenen Gedanken und Empfindungen, wenn du dich weigerst zu vergeben und die Vergangenheit deines Mannes, deiner Frau oder deiner Kinder kritisierst, wenn du vor Angst zitterst, sie könnte sich wiederholen, und wenn du die Erinnerungen an die Vergangenheit ewig mit dir umherträgst – dann wirst du niemals wahren Frieden erlangen. Ganz gleich, wie schlimm das Scheitern oder die Versäumnisse waren, gehören sie der Vergangenheit an; sie sind geschehen und vorbei. Fasse Mut und ändere dein Denken, vertraue auf die wunderbare Zukunft deiner Familie und trenne dich entschlossen und aus eigenem Willen von den Ereignissen der Vergangenheit.

Die Geschichte des Mannes ist eine Geschichte der Schlachten. Die Geschichte der Frau ist die des Gebärens und Aufziehens von Kindern.

Schlachten bedürfen keiner jener Tugenden, die zum Kinderaufziehen benötigt werden – wie zum Beispiel selbstlose und hingebungsvolle Liebe, Mitgefühl, Wohlwollen, Zuneigung, Zärtlichkeit und Geduld. Im Gegenteil – auf dem Schlachtfeld sind solche Tugenden nur im Wege. Wenn im Laufe eines Kampfes Liebe und Wohlwollen gegenüber dem Feind im Herzen aufsteigen, wäre die Schlacht zu Ende. Der Krieg verlangt Haß, Wut, Angst, Grausamkeit, Eroberung und Zerstörung.

Seit die Geschichte der Welt sich zur Kriegsgeschichte des Menschen entwickelt hat, ist die Menschheit weit davon entfernt, Frieden zu finden. Aus gerade diesem Grunde müssen die Frauen erwachen und können der Welt zum ersten Mal Frieden bringen. Der Weltfrieden hängt vom liebevollen Herzen jeder Frau ab.

Kapitel 5

Zwischen Eltern und Kindern

Kinder sind von Natur aus etwas Besonderes. Sie haben die Fähigkeit, sich augenblicklich jeder Umgebung anzupassen, sie erholen sich sehr schnell, und sie nehmen alles auf; sie haben eine große Sensitivität und sind von Natur aus imstande, die Gedanken anderer Menschen zu lesen. Sie sind auch sanft, fürsorglich und liebevoll. Alle Kinder sind von Hause aus so. Das ist ganz natürlich, weil Kinder, wenn sie in diese Welt geboren werden, alles aus dem Himmel mitbringen. Wenn diese herrlichen Kinder Schaden erleiden, so kommt dies von den Erwachsenen in ihrer Umgebung. Welches Kind ich auch betrachte, übersehe ich doch niemals das Beste in ihm und lobe es immer dafür. Ich werde das glückliche Gesicht des Kindes nie vergessen.

Jedes Kind kommt mit einem wunderbaren Talent auf die Welt. Ob dieses Naturtalent sich entwickeln kann, hängt von den Eltern ab. Vergleiche einmal Eltern, die nur die

Unzulänglichkeiten ihrer Kinder bemerken und immer nur an ihnen herumnörgeln oder ihre Stimmen erheben, mit solchen Eltern, die so viele Stärken wie möglich finden und ihre Kinder stets loben. Die Kinder der letzteren entwickeln sich viel besser und weiter. Alle Kinder haben Stärken und Mängel. Wenn du ihren Stärken zu wachsen hilfst, statt ihre Unzulänglichkeiten zu bemerken, werden deine Kinder sich vollkommen entwickeln.

Warum kannst du an dein Kind nicht glauben? Warum versuchst du nicht, deinem Kind zu vertrauen? Wie bedauerlich ist das für die Eltern wie für das Kind! Eine törichte Mutter versucht, ihr Kind zu manipulieren, wie es ihr gefällt. Anstatt sich aufzulehnen, bemüht sich das traurige Kind, der Gängelei der Mutter nachzugeben. Sowohl Eltern als auch Kind verhalten sich falsch. Sie haben die Wahrheit aus dem Blick verloren. Gerade die Mutter sollte fest an ihr Kind glauben – als an ein Kind Gottes. Dann wird das Kind gewiß versuchen, auf das Vertrauen anzusprechen. Das Vertrauen sollte im Mittelpunkt der Erziehung stehen. Wenn nicht einmal die Eltern an ihr Kind glauben können – wer wird es dann tun? Wenn die Eltern kein Vertrauen haben, wird das Kind niemals selbständig werden. Selbständigkeit ist nur möglich, wenn elterliches Vertrauen vorhanden ist.

Wir denken, Kinder seien zu jung, um etwas zu wissen, doch das ist eine falsche Vorstellung. Kinder verstehen die Dinge durchaus – nicht durch Lernen, Wissen und Erfahrung, sondern auf intuitiven, spirituellen Ebenen. Kinder können größere innere Weisheit und Inspiration einsetzen als Erwachsene. Obwohl sie vielleicht den Anschein erwecken, als verständen sie nicht, verstehen Kinder in Wirklichkeit alles sehr gut. Es ist wichtig, achtsam zu lauschen, was Kinder sagen.

Eltern sollten die wahre Natur ihrer Kinder erkennen. Du solltest deine Kinder so aufziehen, daß das Wunderbare, das jedem von ihnen angeboren ist, zum Vorschein kommt. Vergleiche deine Kinder niemals mit anderen. Alle Kinder sind verschieden. Deine Kinder haben sowohl Stärken als auch Mängel. Sieh nur ihre Stärken und fördere ihre Entwicklung. Eltern dürfen keine Zweifel an ihren Kindern haben. Eltern dürfen nicht verwirrt werden und ihren Weg verlieren. Lobe die wunderbaren Qualitäten jedes deiner Kinder und freue dich mit ihnen.

Emotionelles Streiten, Beschuldigen und Bestrafen deiner Kinder dient in Wahrheit nur dazu, sie von dir abzuwenden, so daß du nicht von ihnen betroffen und beunruhigt werden kannst. Das ist nichts anderes als versteckte Selbstverteidigung. Doch die Emotion, die von dir ausgeht, richtet sich in Wirklichkeit auf dich selbst, niemals auf deine Kinder. Wenn du deine Kinder disziplinieren willst, so bringe zuerst deine eigenen Emotionen in Ordnung; danach tue es in Ruhe.

In dem Augenblick, in dem Kinder spüren, daß sie von ihren Eltern nicht tief geliebt werden, fangen sie an, ständige elterliche Aufmerksamkeit zu verlangen. Sie lernen: Je mehr Tricks und Unfug sie tun werden, desto mehr elterliche Aufmerksamkeit können sie damit auf sich ziehen – bis zu einem übertriebenen Ausmaß. Das ist der Anfang der Kriminalität. Bevor sie die Kinder ermahnen, solche

Dinge nicht zu tun, müssen die Eltern in dieser Phase erst bedingungslose Liebe zeigen und versuchen, die Kinder davon zu überzeugen, daß sie es nicht tun sollten. Wenn du zutiefst verstehst, warum deine Kinder diesen Punkt erreicht haben, dann kann das Problem sofort gelöst werden. Es gibt eines, ohne das absolut keiner in dieser Welt leben kann, ob jung oder alt, Mann oder Frau: die Liebe.

Kinder spüren sehr wohl die Sorgen ihrer Eltern, seien es Schmerzen und Not im Herzen, schlaflose Nächte oder eine Kette alltäglicher Probleme. Es ist besser, du teilst deine Sorgen den Kindern ehrlich mit, als sie zu verbergen oder zu tarnen. Der Versuch, die Situation mit falschem Lächeln zu verdecken, überzeugt Kinder nicht; er vermehrt nur ihre Unsicherheit. Sie erfassen die Situation intuitiv und genau. Kinder sind wunderbare Freunde, um deren Unterstützung die Eltern bitten können.

Bereits vor der Geburt unterscheiden sich die Menschen voneinander. Der Umstand der Zeugung und das Leben im Leib der Mutter ist von Person zu Person verschieden. Manche empfangen zärtliche elterliche Liebe, hören liebevolle Worte der Dankbarkeit und kommen von Gebeten begleitet auf diese Welt. Diesen neuen Erdenbürgern vermitteln die Eltern Hoffnung und Freude. Andere hingegen empfangen Groll von ihren Eltern und hören Worte der Verzweiflung über ihre Geburt. Schon vor ihrer Geburt werden sie mit Verwünschungen und Haß überschwemmt, die sie belasten. Ich bin sicher, daß du sehen kannst, wie sehr das Wachstum eines jeden Babys von dem gedanklichen und geistigen Wesen der Eltern abhängig ist.

Selbst wenn dein Kind geistig zurückgeblieben oder körperlich schwach ist oder irgendeine andere Art mentaler oder physischer Behinderung hat, trauere und klage nicht so sehr. Mache dir auch keine Vorwürfe oder Pein. Es ist nicht deine Schuld, noch die deines Kindes. Da die Verfassung deines Kindes den Willen Gottes durch das Gefäß des Kindes offenbaren soll, wird dein Kind nicht so sehr verletzt, wie du darüber trauerst. Dein Kind wurde mit einer Behinderung geboren, weil die Seele des Kindes bereit war, diesen Prozeß auf sich zu nehmen. Deshalb brauchst du nur für die göttlichen Aufgaben des Kindes zu beten, auf daß sie erfüllt werden. Das ist alles, was nötig ist. Dein Kind wird ohne Zweifel jeder Schwierigkeit mit Zuversicht und Selbstachtung begegnen, und dein Kind *ist* die Seele, die das tun kann.

Manche Früchte reifen früh, andere reifen spät. Nur die reife Frucht wird zu Boden fallen. Ähnlich verhält es sich mit der Selbständigkeit von Kindern: Diese sollten der Sorge ihrer Eltern überlassen bleiben, bis sie vollkommen reif sind. Wenn Eltern ihre Bemühungen um die Selbständigkeit der Kinder übereilen und sie aus dem Nest werfen, bevor sie reif sind, werden sich die Kinder nie vervollkommnen. Eine unreife Frucht hängt am Baum – und der Baum hängt auch an der unreifen Frucht.

Die Menschen fühlen sich immer von solchem Charakter und Talent angezogen, die dem eigenen überlegen sind. Von ihnen inspiriert, arbeiten sie sich empor und bringen ihre eigenen Talente zum Glänzen. Die Kinder beobachten das Verhalten ihrer Eltern und spiegeln mit der Zeit deren Charakter wider. Die Art, wie ihre Eltern leben, ist der Schlüssel zur Entwicklung des kindlichen Charakters. Die Familie ist eine Kristallisation der Gesellschaft, der Kern eines Volkes.

Kapitel 6

Zwischen dir und anderen

Dir ist ein kostbares Leben in dieser Welt geschenkt, das dich mit deinen Eltern, Brüdern und Schwestern, Lehrern und Schülern, Freunden und Bekannten verbindet. Ob diese Bande sich als gut oder schlecht erweisen – du wirst dein Leben erfüllen, indem du dich in solchen Beziehungen abschleifst und dich durch eigene Anstrengungen verbesserst.

Du wirst nie wieder in die gleiche Umgebung geboren werden. Niemals wird sich die gleiche Familienkonstellation wiederholen. Solange dir in deinem Leben diese Umgebung und zwischenmenschlichen Beziehungen gegeben sind, ist es wichtig, sie von ganzem Herzen wertzuschätzen. Kostbare Beziehungen mit Familie und Freunden sind kurz und intensiv und haben nur für dieses Leben Bestand. Deshalb solltest du sie so gestalten, daß sie dir zeitlebens wunderbar und erinnerungswürdig bleiben.

Du brauchst deine Meinungen nicht zu äußern. Du brauchst nicht zu versuchen zu glänzen. Du brauchst deine Existenz nicht zu behaupten. Es genügt, daß du einfach und still da bist. Sei einfach da, lausche den anderen mit Offenheit und lasse dich von deinem Herzen bewegen. Das ist genug. Die Menschen sammeln sich um den, der ihnen aufrichtig zuhört.

Wenn du eine dir feindlich gesonnene Person herausforderst, um mit ihr abzurechnen, zerstörst du letzten Endes nur dich selbst. Die Reaktion der Rache trifft und zerstört immer dich.

Wenn du gute Freunde haben willst, dann interessiere dich erst selbst für andere, anstatt zu versuchen, andere auf dich aufmerksam zu machen.

Wenn du andere freiläßt, befreist du dich selbst aus deinen eigenen Fesseln.

Sei kein Schmeichler. Krieche nicht vor anderen. Es ist widerlich anzusehen. Äußere dich ehrlich und stolz mit aufrichtigen Worten, Taten und Haltungen, und sei beliebt als das, was du wirklich bist. Unter jenen, die vor höheren und mächtigeren Menschen kriechen, während sie sich gegenüber Geringeren oder Schwächeren anmaßend verhalten, kannst du keine wertvollen Personen finden. Behandle alle Menschen gleich.

Wie sich die anderen dir gegenüber verhalten, sollte dein Verhalten zu ihnen nicht beeinflussen. Du darfst Arroganz nicht mit Arroganz beantworten. Du darfst Sarkasmus nicht mit Sarkasmus beantworten. Du darfst Verachtung nicht mit Verachtung beantworten. Wie auch immer die anderen sich zu dir verhalten, reagiere immer mit warmer Liebe und einem fürsorgenden Herzen.

Wir dürfen die Kranken, die Einsamen und die Ängstlichen nicht mit Bedauern behandeln. Tief im Herzen haben sie ihren Stolz. Mitleid bringt die gegensätzliche Reaktion. Weil Menschen sich weigern, sich für andere zu öffnen, und lieber verschlossen bleiben, werden sie krank, einsam und schwach. Weil sie stolz sind, verkapseln sie sich eigensinnig in ihre Schalen, und weil sie sich anderen nicht leicht zu öffnen vermögen, wissen sie nicht mehr ein noch aus. Wie die anderen, wünschen auch sie, ihre Herzen zu befreien. Damit das geschieht, müssen wir darauf achten, ihren Stolz nicht zu verletzen.

Wenn man wenig gibt, empfängt man wenig. Wenn man viel gibt, empfängt man viel.

Andere sind andere, du bist du. Wenn du dir das nicht immer wieder vor Augen hältst, liegt es auf der Hand, daß du leiden wirst unter dem Zweifel, der in deinem Herzen keimt. Es scheint einfach, aber in Wirklichkeit ist es sehr schwierig, dies zu praktizieren. Bist du auf die Probe gestellt, wird es fast unmöglich. Hast du nicht großes Selbstvertrauen und Entschlossenheit, flammt Eifersucht auf, bevor du es merkst – weil du dich mit anderen vergleichst. Geh fort, böser Gedanke!

Wenn du von anderen verletzt, beleidigt oder zum Narren gehalten wirst, ist es zwecklos, sie zu kritisieren oder ihnen zu grollen. Unbewußt hast du den anderen schon lange eingeräumt, dich zu verletzen, und ihnen die Macht gegeben, dich niederzudrücken. Dies ist das direkte Resultat deines unbewußten Verhaltens. Ohne es zu merken, hast du anderen gegenüber unterwürfig gehandelt, weil dir Selbstvertrauen und der Glaube an dich selbst fehlen. Es kommt darauf an, zu erwachen und deine eigene, innere Göttlichkeit zu erkennen und dich unbesiegbar zu machen.

Verteidige dich nie. Gebrauche keine Ausreden. Verteidigungsbereitschaft und Ausreden sind häßlich. Erkenne deinen Fehler, entschuldige dich, und danke Gott. Dann wirst du als große Persönlichkeit geschätzt werden. Je mehr Ausflüchte du gebrauchst, desto kleiner wirst du. Wie kannst du es wagen, deine Verantwortung auf andere abzuschieben! Eine große Person ist jemand, der alle seine Verantwortung allein tragen kann.

Die meisten Menschen fühlen sich persönlich angegriffen, wenn man sie kritisiert. Doch wir können es zeitlebens nicht vermeiden, von anderen auf die eine oder andere Weise kritisiert zu werden. Ob du Kritik oder einen Rat gibst, solltest du diese Regel niemals verletzen: Um was auch immer es geht, solltest du niemals so kritisieren, daß du den anderen an seiner schwächsten Stelle triffst. Hilf dem anderen vielmehr, das Problem aus sicherer Entfernung an einem anderen als seinem schwächsten Punkt zu betrachten. Wenn du einem anderen Kritik oder Rat gibst, die das Ziel genau trifft, wird er deiner Kritik nicht zuhören und deinem Rat nicht folgen. Viel schlimmer noch: Er wird ablehnen, was du sagst, und deine Anstrengung wird am Ende die gegenteilige Wirkung haben. Diese eherne Regel gilt selbst für deine engsten Freunde. Sie gilt auch für deinen Mann oder deine Frau, Eltern und Kind.

Verletze nicht dich selbst oder andere, indem du Fehler, die du oder sie gemacht haben, unnötig aufbauschst. Statt dessen betone und lobe die kleinste gute Tat, deine eigene oder die eines anderen. Dann werden auch die anderen Menschen deine Irrtümer übersehen und deine kleinste gute Tat anerkennen.

Verhalte dich zu niemandem arrogant, zeige niemandem Zorn, schelte niemanden, behindere niemanden, grolle niemandem, beschimpfe niemanden, hasse niemanden, mache niemanden traurig, kritisiere niemanden, verletze niemanden, diskriminiere niemanden, verrate niemanden, sei auf niemanden eifersüchtig, vergib jedem – so zu sein, sollten wir immer hoffen.

Solange wir Mitglieder der Gesellschaft sind, können wir nicht leben, ohne mit anderen Umgang zu haben. In vielen Fällen läßt es sich nicht vermeiden, daß wir mit Menschen zu tun haben, die wir nicht mögen. Der Schaden, den wir in solchen Beziehungen erfahren können, kommt nicht daher, daß wir mit diesen Menschen verkehren müssen. Das Problem liegt vielmehr in unserer Einstellung. Wenn wir sie mit der rechten Haltung behandeln und auf eine Weise, die ihrer Persönlichkeit, Fähigkeit und Intelligenz entspricht, werden wir keinerlei Schaden davontragen. Wir liegen jedoch falsch, wenn wir versuchen, uns selbst als großzügiger, besser und verständnisvoller zu präsentieren, als wir tatsächlich sind. Mache niemals diesen Fehler. Dir entsteht kein Schaden von jenen, mit denen du verkehrst; schädlich ist allein deine falsche Einstellung.

Wie sollen wir Kummer oder Verzweiflung überwinden, wenn sie uns überraschen? Habe Freunde, denen du vertrauensvoll dein Herz ausschütten kannst, mit denen du deinen Kummer teilen kannst, wie sie ihren mit dir. Um dein Herz auszuschütten, brauchst du tiefes beiderseitiges Vertrauen in eure tägliche Beziehung. Baue enge Freundschaften auf mit Menschen, denen du dich anvertrauen kannst.

Wie kannst du Vertrauen messen? Am Maß der Aufrichtigkeit. Es ist nicht zu messen an der Vortrefflichkeit der Arbeit, an hohem Intellekt oder wachem Gespür. Menschen, die unser Vertrauen verdienen, sind jene, die den Charakter besitzen, andere mit unerschütterlicher Aufrichtigkeit zu behandeln.

Du bist nicht einsam, weil du allein bist. Viele sind einsam inmitten ihrer Familie und Freunde, oder sogar mit ihren Lieben. Einsamkeit ist ein Zustand, in dem das Herz nicht erfüllt ist. Menschen, die anderen etwas bedeuten und geben, empfinden selbst dann keine Einsamkeit im Herzen, wenn sie allein leben. Wenn du nicht einsam sein willst, so diene anderen – ganz gleich, welcher Art der Dienst auch sei.

Ein Mensch kann von Natur aus mit jedem anderen Menschen eins werden, wer auch immer es sei. Dazu mußt du bestrebt sein, dein Ego von deinem Denken fernzuhalten. Dann kannst du das Herz des anderen verstehen, du kannst es in die Hand nehmen und in ihm lesen wie in einem Buch. Wenn du das Herz eines anderen verstehst, kannst du zum ersten Mal dein wahres Selbst kennenlernen.

Am meisten fürchten wir den Augenblick, in dem wir das Gefühl verlieren, daß unsere Existenz einen Wert besitzt. Wenn keiner beachtet, ob wir existieren oder nicht, empfinden wir unerträgliche Demütigung und Isolation. Es ist völlig zwecklos, dies den anderen vorzuwerfen, denn die Ursache ist in dir selbst, auch wenn du dir ihrer nicht bewußt bist. Deine Einstellung oder Schwingung wirkt auf andere düster oder dunkel oder abstoßend. Um ein Mensch zu werden, der von jedem geliebt, gemocht und gefragt ist, mußt du dich so heiter wie möglich verhalten.

Jenen unter euch, in deren Leben es Menschen gibt, die sie nicht mögen, möchte ich sagen: Wenn ihr sie immer als eure Feinde betrachtet, dann werden sie immer Feinde sein, die es zu bekämpfen gilt; wenn ihr aber als Kameraden mit offenem Herzen auf sie zugeht, dann werden sie eure Verbündeten.

Manche Menschen klagen dauernd über ihre Umstände und ihre Herkunft und reden nur über ihre eigenen Probleme, um das Mitgefühl anderer zu bekommen. Zuerst zeigen diese Mitgefühl und Mitleid. Aber die Freundlichkeit ist gewöhnlich nicht von Dauer. Am Ende fühlen sie sich belästigt und versuchen, solchen Beschwerden aus dem Wege zu gehen. Das Klagen an sich wird anderen zur

Last. Du solltest dir darüber im klaren sein, daß Menschen von Natur aus von heiteren und positiven Themen angezogen werden und dunkle und melancholische Themen nicht mögen.

Du darfst nicht zu den Personen gehören, die den Geist anderer erdrücken und verfinstern. Zuweilen denkst du, du habest es überhaupt nicht so gemeint, doch die Atmosphäre, die du ausstrahlst, verfinstert den Geist der Leute. Die Atmosphäre entsteht aus den täglichen Gedanken einer Person. Wer immerzu heitere und aufbauende Gedanken hegt, erzeugt eine warme, behagliche Atmosphäre, in der andere Menschen sich wohlfühlen. Du mußt daran arbeiten, eine solche Atmosphäre auszustrahlen.

Menschen, die eine starke Feindseligkeit gegen dich ausstrahlen, dich mit bösen Absichten konfrontieren und zum Streit herausfordern, glauben fest, daß du ihr Feind seist. Doch wenn du tiefer spürst, wirst du feststellen, daß sie mit ihrem eigenen Ego im Streit liegen. Oberflächlich betrachtet, gelten ihre widerstreitenden Gedanken dir, aber in Wirklichkeit sind sie gegen sich selbst gerichtet. Deshalb brauchst du dich nicht zu fürchten, ganz gleich, welche Art von Gedanken auf dich gerichtet sind. Alle Gedanken kehren zu der Person zurück, die sie aussendet. Sie werden nie bleiben, um dir zu schaden – solange du sie nicht aufgreifst.

Hilfe von außen macht Menschen schwach. Wenn du dir selbst Mut machst, dich vor nichts beugst und dir Kraft gibst, dann ist dein Mut in der Tat edel. Wenn du anderen eine helfende Hand reichen willst, dann solltest du dies sorgfältig überdenken. Bewirkt deine Hilfe bei ihnen, daß sie einen Teil ihrer Selbständigkeit verlieren, dann hat dein Beistand eine negative Wirkung. Sei dir darüber im klaren, daß wir die Türen zu unserem Lebensweg nur mit eigenen Händen öffnen können.

Du bist ein wirklich reifer Mensch, wenn du der Kritik oder den gemeinsten Flüchen leicht – wie einem Echo – zuhören kannst, ohne zu reagieren, wie unerträglich es auch sei. Solange du nicht an Ruf, Ruhm, Namen oder gesellschaftlichen Status hängst, besteht keine Notwendigkeit zu leiden. Eine Person ohne solches Anhängen muß nicht zeitlebens Feinde besiegen und hat es nicht nötig, mächtigen Menschen zu schmeicheln.

Eine jede zwischenmenschliche Beziehung in dieser Welt ist auch ein Übungsfeld zum spirituellen Weiterkommen. Menschen ziehen einander an, um die unbekannten Teile und Aspekte zu offenbaren, die in jedem von ihnen liegen; sie lernen von einander, das innere Selbst des anderen zum Vorschein zu bringen. Das gilt für alle Beziehungen – Mann und Frau, Lehrer und Schüler, Eltern und Kind, Freunde und Bekannte.

Teil III
Du kannst die Schwierigkeiten des Lebens überwinden

Kapitel 7

Heile dich selbst, werde vollkommen gesund

Für jene von euch, die unter Krankheit leiden, und jene, die weder von Ärzten noch von Arzneien geheilt werden können, ist hier das Heilmittel: Lobe deinen Körper gerade jetzt. Danke deinem Körper. Wenn du ein Leberleiden hast, so entschuldige dich bei deiner Leber, daß du sie auf egoistische Weise, achtlos und undankbar überfordert hast. Versprich dir, deine Einstellung zu ändern und die Dienste deiner Leber künftig mit aufrichtiger und tief empfundener Dankbarkeit in Anspruch zu nehmen. Dies gilt für jede Funktion deines Körpers, jedes innere und äußere Organ, jeder Arterie oder Vene, jeden Muskel oder Knochen. Wenn du irgendeinem Teil deines Körpers ständig Dank sagst, wird er bestimmt darauf ansprechen. Auf wunderbare Weise werden selbst hartnäckige Krankheiten ganz natürlich geheilt.

Medizin, Übungen, Diät, Akupunktur, pflanzliche Arzneien und Massage sind vielleicht in gewissem Maße notwendig, um deine Gesundheit aufrechtzuerhalten. Doch wird deine alte Methode zur Aufrechterhaltung der Gesundheit noch genügen, wenn erst einmal Befürchtungen oder Angst keimen? Ich sage nein. Bevor du deinen Körper trainierst, schule dein Denken und deinen Geist. Wenn du verletzt bist, gereizt und von Sorgen und Befürchtungen über jede Kleinigkeit beunruhigt, dann werden deine Gesundheitsmethoden zwecklos sein. Du mußt zuerst dein Denken und Trachten so trainieren, daß du fähig sein wirst, mit allem, was um dich herum geschieht, richtig umzugehen, ohne dich zu verletzen oder zu schwächen. Solange dein inneres Sein beständig und strahlend ist, wird dein Körper vollkommen gesund sein – selbst wenn du nichts dafür tust. Es ist wichtig zu wissen, daß dein körperlicher Zustand von deinem inneren Sein ausgeht.

Warum sollten wir uns über Krankheiten sorgen – über diese Krankheit und jene, die wir nicht einmal haben? Das ist Unsinn, und es ist eine Vergeudung von Zeit und Energie. Du selbst wirst den Schaden davontragen vom unnötigen Sorgen. Entweder hast du zuviel freie Zeit, dir Sorgen zu machen, oder du bist von so viel Informationen überschwemmt, daß dein Urteilsvermögen darunter gelitten hat. Es ist verständlich, wenn du dir Sorgen machst über die Krankheit, die du selbst hast; aber es ist Unsinn, Krankheiten zu fürchten, die du nicht hast.

Es ist nicht zu spät. Höre augenblicklich damit auf, dich unnötig zu sorgen. Anstatt alle deine Energie für dich selbst zu gebrauchen, ist es nötig, daß du dein Augenmerk mehr auf die Liebe zur Menschheit richtest. Dann wirst du dich nicht länger über törichte Dinge beunruhigen.

Wenn du deine innere Energie in die richtige Richtung und auf richtige Weise lenkst, wirst du niemals Erschöpfung erleben. Doch mehr noch: Auch deine Energie wird unerschöpflich sein. Sobald du die Energie aber in dir zurückhältst oder versuchst, sie zu schonen, wird sie stagnieren und deinem Körper Ermüdung bringen, was schließlich zu Krankheit führt.

Der Körper besitzt von Natur aus die Fähigkeit, sich selbst zu beleben. Du vergißt alles darüber und suchst Hilfe bei Ärzten und Medizin. Dabei versäumst du die Chance, diese strahlende, angeborene Kraft der Erneuerung zu demonstrieren und läßt damit zu, daß sie schwächer wird. Warum entschließt du dich nicht das nächste Mal, dieser Kraft in dir eine Chance zu geben?

Der geheime Schlüssel zur Gesundheit heißt: Denke nicht an Krankheit in deinem Sinn; sprich nicht über Krankheit mit deinem Mund; lausche nicht der Krankheit mit deinen Ohren; und sieh die Krankheit nicht mit deinen Augen.

Wenn Menschen, die krank sind, verschiedene Ängste und Befürchtungen hegen, sie in sich angestaut halten und unfähig sind, sie loszuwerden, dann kann ihre Krankheit sich verschlimmern, oder sie leiden vielleicht schlimmer als andere Kranke. Wenn du kranke Menschen findest, die sehr leiden oder schwer erkrankt sind, so wisse, daß ihre Herzen schwer, verwundet und ängstlich sind. Wenn du ihren Sorgen und Schmerzen lauschst und soviel wie möglich versuchst, die Furcht aus ihrem Herzen zu nehmen, werden Schmerzen und Leid auf wunderbare Weise nachlassen, und es wird ihnen allmählich besser gehen.

Krankheit fällt nicht über dich; du ziehst Krankheit an. Krankheit ist auch eine Art von Selbstoffenbarung.

Es ist nicht der Arzt, der deine Krankheit heilt. Der Arzt ist lediglich ein Bergführer, der dir auf dem Wege hilft. Der Bergsteiger bist aber immer du selbst. Du spielst die entscheidende Rolle. Wenn du nicht den Willen hast zu steigen, kannst du nicht bis zum Gipfel gelangen.

Jeder Mensch kann seine natürliche Heilkraft unter Beweis stellen. Jene, die absoluten Glauben daran haben, werden eine alle Vorstellungen übertreffende Kraft zeigen können. Doch bei den Zweifelnden, die nicht daran glauben können, wirkt die Kraft nur schwach. Solche Menschen sollten ruhig gehen und sich ohne Zweifel oder Angst auf Ärzte stützen, denn im Grunde ist die medizinische Wissenschaft da, um die natürliche Heilkraft zu unterstützen.

Die Fortschritte in der medizinischen Wissenschaft von heute sind erstaunlich. Viele außerordentlich wirksame Medikamente und Injektionen sind auf dem Markt erhältlich. Doch jüngst hat es Fälle gegeben, in denen Krankheiten häufiger wiederkehren, und zwar gerade wegen der Medikamente und Injektionen, die zu gut wirken. Magen- und Zwölffingerdarmgeschwüre zum Beispiel sind heute leicht auch ohne Operation medikamentös zu heilen. Doch in vielen Fällen bekommen die Menschen schon bald, nachdem sie zu ihrer Arbeit zurückgekehrt sind, wieder neue Geschwüre. Warum? Weil die Heilung des inneren Seinszustandes vollkommen vernachlässigt wird. Da der Patient den Schmerz und das Leiden so weit wie möglich gelindert haben möchte, wählt man eine einfache Methode. In der Vergangenheit hatte die Überwindung von Krankheit die gleiche Bedeutung wie Kräftigung und Stärkung des inneres Wesens. Wer das innere Wesen nicht kräftigen konnte, genas nicht so rasch von einer Krankheit. Auf dem Wege über die Erkrankung lernte jeder unbewußt, daß Krankheit einen Zweck hat. Indem man das lernte, heilte man zuerst den inneren Seinszustand und dann auch die Krankheit. Heute jedoch erscheint es nicht mehr notwendig, den inneren Seinszustand vor der Krankheit zu heilen, und so fehlt es uns an spirituellem Wachstum und Training. Aus diesem Grunde wird eine Krankheit, selbst wenn sie bereits einmal geheilt wurde, immer wieder zurückkehren.

Die schwerste, ernsteste Krankheitsursache auf unserem Weg in das einundzwanzigste Jahrhundert ist die zunehmende Isolation des Menschen.

Die Menschen sterben selten an körperlicher Ermüdung oder Erschöpfung. Sie sterben, wenn mentale Ermüdung und Erschöpfung zu Streß und dann zu Krankheit führen. Wenn das Denken ständig überfüllt wird mit Spannung, Verpflichtung, Schuldigkeit und Verantwortung, haben die Menschen keine Zeit mehr zum Luftholen. Vor allem ernste Menschen neigen dazu, in diese Falle zu stolpern. Es ist wichtig, Aufgaben, die getan werden müssen, rasch zu erledigen und Dinge, die nicht viel bedeuten, augenblicklich aufzugeben und was dein Denken beschäftigt, in harmonischer Ordnung zu halten. Auf diese Weise gewinnen wir zusätzlichen Raum in unserem Denken und können größte Energie und Konzentration aufbringen, wenn sie gefragt sind.

Gesund zu sein, ist für den Menschen absolut natürlich. Deshalb bräuchte es keinen Bedarf an speziellen Methoden oder Anstrengungen für die Gesundheit zu geben. In jüngerer Zeit scheint das jedoch nicht genug zu sein. Immer weniger Menschen bezeichnen sich als gesund. Warum? Weil die Welt von einem Übermaß an Information und Wissen überschwemmt wird. Information und Wissen haben die natürlichen Bedürfnisse des Körpers durcheinander gebracht. Wir versuchen, unseren Körper mit Wissen zu beherrschen, anstatt den natürlichen Bedürfnissen des Körpers zu folgen. So gerät unser Körper durcheinander und sein natürlicher Auswahlprozeß, seine Bedürfnisse und Reaktionen stumpfen ab.

Arzneien sind für den Körper. Gebete sind für die Seele. Medizin ist für jene, die am Körper krank sind. Religion ist für jene, die an der Seele krank sind. Die Menschen meinen, das Heilen des Körpers und das Heilen der Seele seien zwei separate Dinge. Doch körperliche Krankheit kann nicht eintreten, wenn nicht die Seele krank ist. Das Gebet dient der Reinigung der Seele und der Beseitigung der Krankheit vom inneren Seinszustand. Wenn du körperlich krank bist, kannst du Hilfe von einem Arzt und Arzneien erstreben. Aber das reicht nicht aus. Bete. Bete, um die Krankheit in deinem Denken, Herzen und Geist und dem Nährboden deiner Seele zu reinigen. Dann wird die Krankheit auch deines Körpers vollständig geheilt.

Jeder hat Empfindungen, von denen er anderen gegenüber nichts äußert: verdrängte Geheimnisse und Nöte, Schmerz und Scham, Groll und Wut. Manche Menschen können alle diese Gefühle loslassen. Sie sind offen und verschließen ihr Herz nie. Solche fröhlichen Zeitgenossen ziehen sich nicht leicht eine Krankheit zu, denn sie halten ihre Schmerzen nicht für immer in ihren beunruhigten Herzen fest und klagen nicht über sie. Die Menschen werden krank, wenn sie nie den Versuch machen, über die Nöte in den Tiefen ihres Herzens zu sprechen. Es ist am besten, sich alles, was einem das Herz beschwert, vom Herzen zu reden. Dies ist besonders notwendig für jene, die von einer Krankheit genesen. Wie erquickt werden sie sich fühlen, wenn die Last von ihrem Herzen genommen ist!

Nimm deinen Körper niemals auf die leichte Schulter. Entweihe ihn nie. Dein Körper ist göttlich und vermag alles. Denke nach über deinen Körper. Wenn du krank bist, aus der Harmonie geraten oder dich im Augenblick nicht vollkommen fühlst, so ist dies die Folge davon, daß du deinen Körper über lange Zeit hinweg unbewußt verletzt hast. Wenn du deine Denkweise änderst, deinen Körper als ein geheiligtes und kostbares Gefäß anerkennst, ihn bewußt liebst und für ihn sorgst, dann wird er augenblicklich seine Vollkommenheit zeigen.

Kapitel 8

Überwinde Streß, Ängste und Schmerzen

Zeit unseres Lebens werden wir mit unüberwindlichen Schwierigkeiten und Hindernissen konfrontiert, manchmal mit mehreren gleichzeitig. Wenn dir so etwas begegnet, dann sage nie solche jämmerlichen, törichten Dinge wie »Ich stecke fest«, oder »Es gibt keinen Ausweg«, »Ich weiß nicht, was ich tun soll«, oder »Ich habe den Überblick verloren.« Stelle dich dem Problem mit Worten wie: »Es gibt immer irgendeinen Weg«; »Ich werde mein Äußerstes geben«, »Es gibt nichts, das ich nicht bewältigen könnte«, und so weiter. Wenn du dich jedem Problem stellst ohne davonzulaufen, wird sich leicht ein Weg öffnen. Blockiere ihn nicht mit Angst, bevor du dich dem Problem stellst. Gott wird dir geben, was du brauchst, wenn du es brauchst.

Wie sehr du auch unter Druck stehst, körperlich schwach bist oder unbegabt scheinst, kannst du bestimmt aus jeder Situation herauskommen. Doch dies geschieht nur, wenn du sie erkennst und in Frage stellst: »Dieser Zustand kann unmöglich immer richtig sein. Irgendwo stimmt etwas nicht. Sind es die anderen? Oder bin ich es?« Wenn du an diesem Punkt andere für deinen Zustand verantwortlich machst, ist das sehr traurig für dich, denn dann wirst du dich nie im Leben selbst befreien. Nur wenn du dich selbst als den Verantwortlichen erkennst, kannst du deine derzeitigen Umständen hinter dir lassen.

Je ungeduldiger wir sind, wenn wir in Angst und Furcht versuchen, Schwierigkeiten und Widrigkeiten zu entkommen, desto weiter kommen wir von dem wahren Weg ab. Wenn wir nicht mehr ungeduldig sind und aufhören mit unserem hektischen Versuchen zu entkommen, und wenn wir uns beruhigen, dann vernehmen wir die innere Stimme des Geleits. Die Stimme versucht ständig, uns zu erreichen.

Wie friedvoll und glücklich wären wir doch, wenn aller Streß vergangen wäre! Doch wo wir auch sind, werden wir immer mit äußerster Spannung, Angst und Furcht belastet, die uns keinen Seelenfrieden lassen. Selbst wenn wir schlafen und alles vergessen, folgt unsere Spannung uns in die Träume und bewirkt zuweilen Alpdrücke.

Wenn Streß aus unserem Denken völlig ausgeschaltet wird, dann verschwinden augenblicklich die Krankheiten und Disharmonien, die du bis jetzt gehabt hast. Du kannst den Streß aus eigener Kraft besiegen. Erkenne diese Fähigkeit in dir. Nimm sie ohne Widerstand an. Doch über- oder unterschätze dich nicht, denn beides kann Streß verursachen. Habe absolutes Vertrauen und Glauben an die wunderbare Fähigkeit im Innern. Wecke sie und zeige sie in dieser Welt. Der Glauben an dich selbst ist die beste Medizin.

Versagen gibt es nicht. Es gibt kein Ungeheuer mit dem Namen »Versagen«, das dich überraschend attackiert. Aber in deinem Denken hast du eine Vorstellung davon. Das Versagen selbst hat weder Macht noch Bedeutung. Es ist kein Versagen, sondern eine kostbare Erfahrung. Was Erfolg und was Versagen ist, ist eine Frage der Selbsteinschätzung und für andere ohne Belang. Selbst wenn deine Ehe gescheitert ist, wenn du bankrott bist oder wenn du im Examen durchgefallen bist, ist es nicht angebracht, das Ereignis als Versagen zu bezeichnen. Beim Nachdenken über das Ereignis hast du lediglich deine Vorstellung vom Versagen in deinem Denken abgerufen. Wenn du jedoch aus dem Ereignis die Motivation zum nächsten Schritt beziehen kannst, ist es keinesfalls ein Versagen. Es war lediglich ein Punkt auf dem Weg zum Erfolg, den du zu passieren hattest.

Unzählige Menschen stehen aufgrund ihrer eigenen Unwissenheit und Torheit in ungünstigen Positionen. Sie verstehen nicht, mit welcher Einstellung sie täglich leben und wie sie mit den verschiedenen Schwierigkeiten umgehen sollten. Menschen, die die Wahrheit vernachlässigen oder nicht versuchen, die Wahrheit kennenzulernen, können nie frei von Elend sein.

Den Niedergeschlagenen unter euch möchte ich gerne sagen: Wie bist du in die Depression geraten? Warum bist du immer noch in diesem Zustand? Du selbst weißt die Antwort. Richtig. Denn du kannst an nichts anderes als an dich selbst denken und richtest alle Energie, die du hast, auf dich: Selbstmitleid, Selbstkritik und Wut auf dich selbst; das Verlangen, Mitgefühl, Schutz und Unterstützung von anderen zu bekommen; die Enttäuschung, solche Hilfe nicht leicht zu erhalten – das sind die Ursachen. Wenn du dich wirklich von der Depression befreien willst, dann lenke die auf dich selbst gerichtete Energie auf andere, und sei es nur ein wenig. Widme deine Energie anderen. Erweise ihnen einen Dienst. Leiste dir keinen Leerlauf, erlaube dir keinen Augenblick überflüssigen, um dich selbst kreisenden Denkens. Sei tätig. Konzentriere dich darauf, wie du anderen eine Freude machen und deine Vorstellung in die Tat umsetzen kannst. Beginne mit den Menschen, die gerade um dich sind. Bisher hast du dir überlegt, wie du dir selbst Freude bereiten und Befriedigung verschaffen kannst. Wenn du wirklich die Antwort haben willst, dann finde Wege, anderen Freude zu bereiten, und folge ihnen. Setzt du deine Anstrengungen fort, wirst du dich bestimmt glücklich fühlen. Ganz gleich, wie alt du bist, sollst du eine lohnende Aufgabe im Leben haben.

Das Ego ist die Quelle alles Unglücks, alles Leidens, alles Versagens und aller Schmerzen.

Es gibt einige Menschen auf dieser Welt, die ihr trauriges Los akzeptieren. Sie halten es für selbstverständlich und natürlich, ein Unglück nach dem anderen zu erleiden, als wären sie davon überzeugt, es verdient zu haben und geduldig ertragen zu müssen. Manche von euch loben solche Menschen vielleicht sogar, daß sie dazu imstande sind.

Doch in Wirklichkeit ziehen sich diese Menschen ihr ständiges Unglück und Verzweiflung selbst herbei, um ihre eigenen Schuldgefühle zu befriedigen. Wenn du nicht die Schuldgefühle löst, die in der Tiefe deines Denkens und Herzens verborgen liegen, wirst du ewig Unglück anziehen.

Wenn wir im Herzen sehr erschüttert werden, ist unser erster Impuls, fortzulaufen: Wir wollen den Ort augenblicklich verlassen, niemals an ihn zurückkehren und nie wieder mit der Person zusammensein, die uns verletzt hat. Aber das ist keine konstruktive Denkweise. Was auch geschieht, es ist nötig, daß wir damit anfangen, den Schmerz oder Schock anzunehmen. Weiche dem Schmerz nicht aus, sondern schreite direkt hindurch. Andernfalls wird es schwierig sein, dich wirklich zu erholen. Denn das, vor dem du wegläufst, folgt dir dein Leben lang.

Höre auf, wie ein kleines Kind zu sein. Stehe auf und stehe fest.

Höre auf, dein Denken mit Sorgen zu verdüstern. Räume damit auf.

Es ist ein großer Fehler, zu meinen, daß andere dir jedes Mahl servieren werden, nach dem dir gelüstet. Wenn du dich darauf verläßt, daß andere dich bedienen, wirst du nie eine Gelegenheit haben, deinen Schwierigkeiten zu entkommen. Du kannst sie aus eigener Kraft überwinden. Das Wichtigste ist dabei dein Wille, sie zu überwinden. Glaube fest, daß du es schaffen kannst. Nur du selbst wirst verlieren, wenn du dich weiter wie ein kleines Kind verhältst.

Wenn du besessen bist von einer Furcht, einem Problem, einer Schwierigkeit oder einem Gebrechen, und wenn du dich über eine lange Zeit vornehmlich mit diesem einen Thema beschäftigst, dann bist du weit davon entfernt, es zu lösen; die Furcht, die Trauer oder das Problem wächst in dir immer weiter. Die beste Lösung ist, dich darauf zu konzentrieren, dein Denken von dem Problem abzuwenden und zu versuchen, dir die wunderbaren, heiteren, angenehmen Dinge auszumalen, die eintreten werden, sobald es gelöst ist. Bevor du es merkst, wird das Problem sich ganz natürlich lösen.

Du bist nicht der einzige Mensch, der Leiden auf sich nimmt. Du bist nicht der einzige Mensch, der von Zeit zu Zeit die Arbeit lästig empfindet. Du bist nicht der einzige Mensch, der sich vorstellt, wie herrlich es wäre, alles aufgeben und in Freiheit leben zu können. Auf dieser Welt lebt jeder – jung oder alt, Mann oder Frau – mit mehr oder weniger ähnlichen Sehnsüchten. Die aber strahlen, sind jene, die versuchen, für die Menschheit zu leben, während sie ihre Bürde auf sich nehmen. Wenn du deinen persönlichen Schmerz vergißt und entschlossen und mit Mut für die Menschheit wirkst, wird dein Schmerz leicht verschwinden.

Indem du dich fest davon überzeugst, daß dein derzeitiges Leiden nicht völlig sinnlos ist und du es aus einem bestimmten, notwendigen Grund zu bewältigen hast, kannst du den Schmerz überwinden.

Wenn sie vor einem Problem stehen, sagen Menschen immer: »Nun, ich habe versucht, was ich kann...« Nur zu versuchen, was man kann, heißt für mich, auf halbem Wege aufzugeben; das ist nicht besser, als es überhaupt nicht versucht zu haben. Wer so denkt, wird kein Zeichen irgendeiner Besserung feststellen können. Wenn du deine Anstrengungen nicht bis zum Ende fortsetzt, wird sich kein Weg auftun. Wenn du den Willen hast, den ganzen Weg durchzuhalten, wird selbst die am festesten verschlossene Tür, selbst das schwerste Eisentor einen kleinen Spalt freigeben, durch den ein Lichtstrahl gelangen kann. Wenn die Tür sich auch nur einen winzigen Spalt öffnet, hast du das übrige schon gewonnen. Warte nur geduldig auf die richtige Zeit. Der Pfad, den du dir vorgestellt und immer gewünscht hast, wird sich bestimmt auftun.

Das Leben ist wie Bergsteigen, sagt man. Beim Bergsteigen, mit einem hohen Gipfel als Ziel vor Augen, gehen manche leicht voran, andere verlieren ihren Weg oder verirren sich in den Wald, und wieder andere stürzen zu Tale. Dies entspricht im Leben den Enttäuschungen, dem Versagen, den Schwierigkeiten oder Krankheiten. Doch es bedeutet nicht, daß alles vorüber sei. Im Gegenteil, eine wunderbare Gelegenheit bietet sich dir, einen neuen, strahlenden und ebenen Weg neu zu entdecken, dem du schon früher gefolgt warst. Ein neuer Weg ist immer bereit vor deinen Augen. Alles, was du zu tun brauchst, ist, auf jenen neuen Weg überzuwechseln.

Kapitel 9

An Weisheit gewinnen im Leben, Alter und Tod

Glaube aus dem Grunde deines Herzens an das erstaunliche Wunder der Lebenskraft – der Kraft der Natur. Die Menschen neigen dazu, an das Wunder der Medizin zu glauben, bevor sie an das Wunder der Lebenskraft glauben.

Fürchte dich nicht vor dem Leben. Habe keine Angst zu leben. Selbst wenn der Körper nicht frei ist, ist doch das innere Sein frei. Habe Hoffnung. Zu leben bedeutet, ständig einen hellen Stern der Hoffnung auf die Zukunft emporzuhalten. Was auch immer dein Bemühen ist, gib nicht auf.

Gedanken von Furcht, Elend und Kummer bewirken Verschlechterung, während Gedanken der Freude, Liebe und Hoffnung Leben hervorbringen.
Beim Geborenwerden und Aufwachsen ist der Schlüssel zum Leben, wieviel wir aufnehmen und verdauen. Beim

Altern ist der Schlüssel zum Leben, wie viele überflüssige Dinge wir ablegen und wie einfach wir werden.

Das Alter ist ein Reifen in Erfahrung. Dies ist ein so würdevoller Weg, daß nicht einmal die strahlendste Jugend ihm auch nur annähernd zu folgen vermag.

Jene unter euch, die vorgerückten Alters sind, möchte ich nicht als »alte Menschen« bezeichnen. Ich möchte euch Führer, Lehrer, Meister, Pioniere oder Langstreckenläufer nennen, die das Rennen vollenden. Ich lobe euch, daß ihr bis jetzt wohlbehalten gelebt habt. Ihr verdient Lob, daß ihr gelebt habt, ohne auf halbem Wege aufzuhören. Ich verstehe, wie rauh und beschwerlich der Weg gewesen ist, der euch bis hierher gebracht hat. Bis heute gelebt zu haben – bereits dies ist es wert, ein Verdienst genannt zu werden. Es ist nicht nötig, mehr zu sagen. Es ist nicht nötig, mehr zu erzählen. Jeder in eurer Umgebung versteht das. Die tief eingeschnittenen Jahresringe des Lebens zeigen, wie ihr gelebt habt. Ganz gleich, wie ihr euer Leben geführt habt, ist es die Stärke in eurem inneren Wesen – nicht die Kraft der anderen –, die euch befähigt hat, wohlbehalten bis heute zu leben. Jene, deren innere Verfassung schwach ist, hätten ihr Leben verloren, bevor sie so weit gelangt wären. Doch ihr seid starke Menschen. Ihr seid erfolgreiche Menschen. Ihr seid zuverlässige Menschen. Ihr seid wunderbare Menschen. Ich achte euch sehr. Von jetzt an sollt ihr euch bitte frei fühlen, die jungen Menschen zu mahnen und zu ermutigen. Bitte, lebt weiter mit Stolz in eurem Herzen.

Wenn du dich auf einmal von dieser Welt trennen mußt, kommen dir Fragen in den Sinn. Empfindest du Bedauern über die Art, wie du gelebt hast? Warst du für deinen Ehepartner und deine Kinder nützlich genug? Hast du bei deiner Arbeit das Beste gegeben? Hast du Liebe, Fürsorge und Freundlichkeit unter den Menschen in deiner Umgebung verbreitet? Hast du Gott täglich Dank gesagt? Wenn keine dieser Fragen dein Herz beunruhigt, wirst du kein Bedauern hinter dir lassen. Doch wenn auch nur eine dich belastet, dann wisse, daß es doch noch nicht zu spät ist. Entscheide dich, dein Verhalten im täglichen Leben so zu ändern, daß es – gleichgültig, wann du sterben und von dieser Erde abberufen wirst – für dich in Ordnung sein wird.

Du brauchst den Tod nicht zu fürchten. Der Tod ist etwas, mit dem du seit dem Augenblick deiner Geburt lebst. Er ist nicht jener Tod, der eines Tages völlig überraschend kommt, um dich zu holen. Der Tod begleitete dich dein ganzes Leben. Ein Regentropfen wird von einer Wolke hervorgebracht und fällt auf den Berg herab. Zusammen mit anderen Tropfen wird er zu einem Fluß und fließt bergab. Wohin wird das Wasser gehen? Dem Meer entgegen. Das Meer ist das letzte Ziel und der Tod des Flusses. Wenn der Fluß dem Meer begegnet, wird er eins mit dem Unendlichen. Das Unendliche ist nicht das Nichts. Es ist die Quelle, die alles erschafft.

Der Fluß und das Meer sind niemals separate Dinge. Du solltest sie dir nicht getrennt vorstellen. Leben und Tod, Fluß und Meer sind miteinander verbunden. Das Meerwasser verdunstet, wird zur Wolke und bringt dann einen neuen Regentropfen hervor. In den Tod zurückzukehren bedeutet, von neuem geboren zu werden.

Wisse wohl, was Leben wirklich ist. Alles Leben ist in Gottes Händen. Und es ist wahr: Ob man lebt oder stirbt, hängt vom Willen Gottes ab. Ob man nur einen Augenblick lebt oder ein Jahrhundert lang, ist ohne Bedeutung, denn das Leben währt für immer. Der Tod bedeutet lediglich, daß man das Kleid ablegen muß, das Körper genannt wird. Am Ende werden alle Menschen dann sterben, wenn ihre Zeit gekommen ist, gleichgültig welche weltliche Maßnahmen sie auch ergreifen, um dem Tod zu entgehen. Die aber leben sollen, werden leben, gleichgültig, wie nahe sie dem Tode kommen mögen. Wir dürfen uns nicht an das Leben klammern.

Fürchte weder den Tod, noch fürchte, ganz allein zu leben. Es ist wichtig, die Ruhe deines inneren Seins zu fördern, die keinen Augenblick etwas fürchtet.

Tiere erleben Schmerz, aber sie spüren keinerlei Angst vor dem Tode. Vielleicht ist dies eine einzigartige Empfindung, die nur den Menschen zu eigen ist. Doch das Maß des Schmerzes schwankt zwischen jenen, die dem Tod mit Angst begegnen und jenen, die ihn bereitwillig annehmen. Du solltest wohl wissen, daß der Tod kein Schrecken ist. Er ist lediglich ein Weg, um den Körper zu verlassen, das heißt ein unbequemes, beengendes Gewand abzulegen und geistig in eine strahlende, freie Welt hinüberzugehen.

Teil IV
Du kannst dein Leben in Liebe, Glück, Vergebung und Harmonie führen

Kapitel 10

Liebe erst die anderen, wenn du geliebt werden willst

Die Mutter versucht, ihrem Kind auf jede mögliche Weise Schutz und Hilfe zu geben, und koste es ihr eigenes Leben. Vollkommene Mutterliebe kennt keine Angst. Die Mutter versucht, ihr Ego hintanzustellen und für ihr Kind alles aufzugeben. Nein, sie versucht es nicht nur, sondern sie tut es von selbst und natürlich. Wenn du alle Ängste überwinden willst, mußt du immer echte Liebe leben – wie eine Mutter. Liebe kennt keine Angst, und vollkommene Liebe löscht Furcht aus.

Es genügt, einfach Liebe zu geben. Alles, was du zu tun brauchst, ist weiterhin aufrichtig Liebe zu geben, ohne etwas dafür zu wünschen oder zu erwarten. Du hast nie das Recht, einen anderen zu zwingen, deine Liebe anzunehmen.

Solange wir in diese Welt geboren wurden (aus welchem Grund auch immer), müssen wir weiterleben. Um zu leben, müssen wir glücklich sein. Um glücklich zu sein, müssen wir geliebt werden. Um geliebt zu werden, müssen wir zuerst die anderen lieben. Erst wenn wir bewußt nach dem Gebot der Liebe handeln, können wir selbst geliebt werden. Liebe kann ein Wort oder eine Handlung sein; sie kann sogar still sein, solange am Grunde des Herzens unerschütterliches Mitgefühl ruht.

Jeder Mensch sucht Liebe. Jeder Mensch wünscht, verstanden zu werden. Nichts ist so schmerzhaft, wie von anderen nicht geliebt und verstanden zu werden. Wenn dies zu einem Dauerzustand wird, können wir sogar die Hoffnung fürs Leben verlieren. Das zeigt, wieviel es uns bedeutet, von anderen geliebt und verstanden zu werden; es bringt uns echte Freude und gibt dem Leben einen Sinn.

Zu jenen, die von keinem geliebt oder verstanden werden und von Einsamkeit und Isolation niedergedrückt sind, möchte ich sagen: Denke wohl darüber nach, warum du in diesem Zustand bist: Ja, du hast immer nur gewünscht, von den anderen geliebt und verstanden zu werden; nie aber hast du je an die anderen gedacht. Lieben und Verständnis für die anderen müssen aber zuerst kommen.

Liebe heißt nicht zu versuchen, den anderen nach deinen Vorstellungen zu verändern; Liebe verändert dich für den anderen. Liebe bedeutet, andere genau so anzunehmen, wie sie sind, und sie zu achten und zu schätzen genau so, wie sie sind.

Ein befriedigendes Menschenleben zu führen bedeutet, den anderen immerzu soviel Liebe wie möglich zu geben.

Jene, die versuchen, andere anzusprechen und ihre Hilfe zu gewinnen, indem sie eine tragische Rolle spielen, waren vor Schmerzen noch nicht gelähmt; sie sind immer noch wohl imstande, allein damit umzugehen. Auch wenn es vielleicht herzlos klingt, ist es in Ordnung, ihnen nur mit einem Ohr zuzuhören oder sie in Ruhe zu lassen. Jene aber, die wirklich von ihrer Not erdrückt werden, halten sich fern von Menschen, die sie unterstützen werden. Da sie meinen, keiner Hilfe würdig zu sein, ziehen sie sich selbst von engen Freunden und Familienangehörigen zurück. Solchen Menschen – und ihrer Not – mußt du aufrichtig und mit offenem Herzen lauschen, selbst unter Einsatz deiner eigenen, kostbaren Zeit.

Entwickle keine blinde Anhänglichkeit, besonders zu deinem Ehepartner oder Kindern, deinen Eltern oder deinen Freunden und Bekannten. Solche Anhänglichkeit zerstört letzten Endes andere und erstickt dich selbst.

Wünsche immerzu, von anderen geliebt zu werden. Wünsche immerzu, von anderen geachtet zu werden. Wünsche immerzu, von anderen begehrt zu werden. Während du solches wünschst, wirst du auf wundersame Weise und ganz natürlich einen entsprechenden Charakter entwickeln, weil du lernst, wirklich zu verstehen, was die Voraussetzung ist, um geliebt und geachtet zu werden.

Kapitel 11

Mache dich selbst glücklich

Betrachte einmal eine Person, die vor Glück strahlt. Was ist anders an dieser Person? Welch ein sanftes Lächeln, welch ein schönes Verhalten, welch ein edles Herz, und welch eine heitere und freudige Atmosphäre zeigt diese Person!

Wahrscheinlich verurteilen solche Menschen nicht das Verhalten anderer. Wahrscheinlich sehen sie die guten Absichten in anderen. Wahrscheinlich hegen sie keine Verachtung gegen andere. Wahrscheinlich finden sie nur Gutes in anderen und sprechen nur über Gutes. Das muß der Grund sein, warum sie immer so schön strahlen.

Was deinem Glück im Wege steht, ist nicht dein Mann, noch deine Frau, noch deine Kinder, noch deine Schwiegereltern. Was dir im Wege steht, bist du selbst. Kein anderer. Deine falschen Gedanken, Emotionen und dein Wissen stehen dir im Wege. Das Glücksgefühl ist nicht etwas, das andere dir geben. Du mußt es mit eigenen Händen erschaffen. Damit dies gelingt, müssen dein Herz und Sinn immer eins mit Gott sein.

Wenn du denkst, um glücklich zu werden, müßtest du größere Anstrengungen unternehmen als andere, oder wenn du meinst, des Glückes nicht würdig zu sein wegen der Fehler, die du früher gemacht hast, dann wirst du niemals glücklich – genau wie du gedacht hast.

Wenn wir eine traurige Geschichte hören, leiden wir im Herzen mit; wenn wir etwas Lustiges hören, lachen wir laut. Wenn wir eine beängstigende Geschichte hören, fürchten wir uns; wenn wir vom Glück erfahren, sind auch wir glücklich. Wie das Gähnen und der Schnupfen sind auch schlechte und unangenehme Dinge ansteckend. Doch vergiß dabei nie, daß auch das Glücksgefühl und die Gesundheit ansteckend sind. Wenn du unerfreuliche oder traurige Nachrichten unter deinen täglichen Themen meidest und versuchst, bei hellen, heiteren Dingen zu bleiben, wird deine Familie immer glücklich sein.

Ich denke, du weißt sehr wohl, daß wir den Grad des Glückes oder Unglücks eines anderen nicht nach dem äußeren Schein messen können. Wenn Menschen zufrieden sind, empfinden sie Glück und Frieden, und das Leben erscheint ihnen niemals unerträglich, wie erbärmlich ihre Lebensumstände oder Gesundheit auch sein mögen. Zufriedenheit erfährst du, wenn du die dir gegebene Kraft ganz zum Ausdruck bringst, indem du Herz und Seele in alles hineinlegst, was du tust. Diese Zufriedenheit ist der Beweis deines Glücks.

Hier, genau an diesem Punkt, mußt du allen deinen Haß ablegen, deine Besessenheiten aufgeben, deine Eifersucht ausschalten. Andernfalls wirst du dich immer unglücklicher fühlen. Deine heftigen Emotionen werden Denken und Körper noch schlimmer verletzen und dich noch weiter in die Tiefe treiben. Jedes Stückchen Unglück entspringt deinen eigenen Gedanken und Emotionen. Lege allen deinen Haß jetzt ab. Ganz gleich, wie berechtigt er auch sein mag, lasse den Haß trotzdem aus deinem Herzen. Wenn auch nur ein winziges Quentchen Haß in einem Winkel deines Herzens bleibt, wirst du niemals wirklich glücklich sein.

Denke nie, du seist vom Unglück verfolgt. Denke auch nie, du seist unter einem ungünstigen Stern geboren. Wenn du einen solchen Gedanken hinter dir herschleppst, wirst du dich den Rest deines Lebens niemals von deinem Unglück trennen können. Denn es ist, als würdest du das Unglück bereitwillig akzeptieren oder vor ihm resignieren. Selbst wenn eine unglückliche Situation nach der anderen kommt, sollst du niemals denken, du seist vom Unglück verfolgt. Solange du dich für einen benachteiligten Menschen hältst, bist du in einer Gemütsverfassung, die dich dem Unglück nicht entkommen läßt. Wenn du dich als ein unglückliches Menschenwesen siehst und akzeptierst, öffnest du dem Unglück Tür und Tor. Deshalb erinnere dich immer wieder daran, daß du niemals benachteiligt bist, daß du nicht einmal daran denken willst, benachteiligt zu sein, und daß du keinesfalls unglücklich sein kannst. Was auch geschieht: ändere deine Gedanken in eine lichterfüllte, positive Richtung. Dann wird das Unglück von selbst die Flucht ergreifen. Erhelle alle Winkel deines Herzens, so daß kein Platz übrig bleibt, in den Unglück eintreten kann. Dann welkt die Saat des Unglücks, noch bevor sie im Herzen keimen kann. Deine Denkweise bildet den Quell des Unglücks, lädt weiteres Unglück ein und stärkt es über alle Maßen.

Viele Menschen leben mit kurzsichtigem Blick, gefesselt von den Gewinnen und Verlusten, die unmittelbar vor ihnen liegen. Sie haben niemals erfahren, wie beglückend es sein kann, wenn sie den Kreis ihrer Aufmerksamkeit weiter ziehen, statt sich von dem beherrschen zu lassen, was vor ihrer Nase liegt. Es ist besser, als großer Geist bezeichnet zu werden, denn als Kleingeist.

Wenn das Verhalten auf der falschen Denkweise basiert, bringt es nur falsche Ergebnisse hervor. Stimmen dein Denken und Verhalten aber mit der Wahrheit überein, führt dies zu Wohlstand, Glück und Fülle.

Das Glück ist überall. Es ist ganz nah, sogar in Reichweite. Es umgibt uns jederzeit und ist immer bereit. Niemals ist es weit von uns entfernt, noch läuft es uns davon. Das Glück existiert in jedem von uns.

Viele jedoch können ihr Glück nicht finden, obwohl sie danach suchen. Obwohl das Glück ganz nahe bei den Suchenden existiert, können es jene, die sein wahres Wesen nicht verstehen, nicht leicht erlangen. Glück ist nicht ein bestimmter, einzigartiger, spezieller Zustand. Vielmehr ist es etwas, das immer existiert und mit auffallendem Glanz zwischen den gewöhnlichen Erfahrungen des Lebens hervorstrahlt. Jene Menschen, die das Glück trotz ihres Suchens nicht finden können, erkennen den glücklichen Geist im Innern ihres Herzens nicht. Menschen mit glücklichem Geist können für jede Kleinigkeit in ihrem täglichen Leben aufrichtig dankbar sein. Ihre Dankbarkeit entspringt im Herzen. Doch wer den Geist der Dankbarkeit nicht in sein tägliches Leben einlädt, den wird das Glück niemals besuchen.

Je mehr Gutes du für andere tust, desto glücklicher wirst du selbst. Göttliches Licht nimmt zu und füllt dein Wesen. Ein Gefühl der Befriedigung, der Erfüllung und des Vorankommens steigt in deinem Herzen auf und drängt dich, anderen um so mehr zu dienen. Wie groß wird dein Glück erst sein, wenn dir dies zur ganz natürlichen Lebensweise geworden ist!

Kapitel 12

Vergib dir selbst und anderen, um dich zu befreien

Anderen zu vergeben heißt nicht, alles aus unserer Erinnerung zu löschen. Es ist so eingerichtet, daß wir uns um so besser der unvergeßlichen Worte oder Handlungen erinnern, die uns zugefügt wurden, je mehr wir versuchen, sie zu vergessen. Warum müssen wir den anderen dann vergeben? Um Frieden in unserem eigenen, inneren Sein zu finden.

Wenn unsere Herzen immer voll Haß, Groll oder Eifersucht sind, dann müssen wir selbst ständig leiden, nicht die anderen. Um unsere eigenen Herzen zu Freiheit und Frieden zu führen, müssen wir sie aus eigenem Antrieb vom Haß befreien. Das ist Vergebung.

Der Akt der Vergebung mag den Anschein erwecken, als sei er zum Wohle der anderen, in Wirklichkeit aber ist er in unserem ureigenen Interesse. Vergebung bedeutet, aus unseren eigenen Herzen jegliches bißchen Antipathie zu verbannen, jegliche Wut und jegliche Feindseligkeit.

Warum haben wir solche Probleme damit, anderen zu vergeben? Warum müssen wir unsere Tage in Dunkelheit und Seelenpein verbringen? Wo liegt die Ursache? Sie liegt in unserem eigenen Herzen. Anderen können wir nicht vergeben, weil wir uns selbst nicht vergeben können. Wir können es nicht ertragen, daß unser Stolz verletzt wird, und deshalb können wir anderen nicht vergeben. Der Grund liegt nicht in den anderen, sondern in unserem eigenen Herzen.

Kleinliche Menschen geraten selbst bei schwacher Kritik in Zorn. Allzu ernste Menschen beschuldigen andere winziger Fehler, und selbst wenn sie es dann versuchen, fällt es ihnen nicht leicht, ihnen zu vergeben. Schlimmer noch: Wenn das Problem aus ihren eigenen Irrtümern erwachsen ist, beschuldigen sie sich zeitlebens selbst und kommen nie davon los. Beide Verhaltensweisen sind für kleinliche Menschen typisch. Großherzige Menschen jedoch können jeden und alle annehmen und ihnen vergeben, selbst wenn sie von ihnen kritisiert oder verraten wurden. Wir sollten versuchen, Menschen mit großen Herzen zu werden.

Du kennst dich selbst besser als jeder andere. Du weißt auch, warum du auf schlechte Verhaltensweisen verfallen bist. Selbst wenn es dir gelingt, die Menschen in deiner Umgebung zu täuschen, kannst du dir selbst nicht so leicht etwas vormachen. Auf Kosten deiner höheren, klaren, makellosen Menschlichkeit mußtest du etwas erreichen; nun hast du es erreicht, und schwer lasten die Selbstvorwürfe auf dir! Es ist ein Jammer, dich selbst zu bestrafen für das, was du getan hast. Doch du brauchst nicht so zu leiden, denn du hast bereits genug gelitten. Alles ist vorbei. Die Vergangenheit ist vorüber. Wenn du von jetzt an korrekt lebst, ist das genug. Lebe heiter der Zukunft entgegen.

»Ich war schlecht«, »Ich bin schuld«, »Ich war nicht gut«, »Ich war unvollkommen«, »Ich war töricht« ... Wenn du dich ständig kritisierst, erntest du nur Krankheit. Du machst nicht nur keinen Fortschritt, sondern versäumst auch, den negativen Gedankenschwingungen zu entkommen. Indem du dir Vorwürfe machst, suchst du unbewußt eine Art von Befriedigung. Doch was immer auch geschieht, mußt du nach vorn gerichtet leben; andernfalls ist das Leben es nicht wert, gelebt zu werden. Was in der Vergangenheit auch geschehen ist – alles kann sich wenden durch deine aufrichtige, aus dem Herzen kommende Selbstprüfung.

Laßt uns das Heute zu dem Tag machen, an dem wir allen Ballast abwerfen, den wir aus der Vergangenheit mit uns schleppen. Laßt uns mutig beschließen, alles zu vergeben. Du fühlst dich vielleicht zu sehr verletzt, um jetzt noch so einfach zu vergeben. Vielleicht meinst du, gar nicht vergeben zu können, bevor du nicht mit dem Haß gearbeitet hast, den du seit Jahrzehnten in dir angestaut hast. Du hast vielleicht das Empfinden, nicht vergeben zu können, bevor die andere Seite sich nicht entschuldigt hat. Trotzdem nützt es nichts, dich weiterhin mit diesen Ketten zu fesseln. Fasse den Entschluß, und befreie dich jetzt von ihnen. Vergib alles, in deinem eigenen Interesse. Wieviel leichter wird dein Herz sein! Du selbst wirst den größten Gewinn davon haben, dessen sei dir gewiß.

Du, der du leidest unter Krankheit, Armut und verschiedenen anderen unglücklichen Umständen: Dein Denken ist verkehrt! Mache es den anderen nicht zum Vorwurf. Mache dir selbst keine Vorwürfe. Grolle nicht anderen. Grolle nicht dir selbst. Es ist nicht den Menschen vorzuwerfen. Es ist auch dir nicht vorzuwerfen. Was auch geschieht, ist einfach die Auswirkung einer früheren Ursache, die sich hervorarbeitet und dann auflöst. Das ist die Wahrheit, erkenne sie. Und weiche nicht von ihr ab.

Manche Menschen sorgen sich zuviel um ihre Unzulänglichkeiten und lehnen es ab, sie sich zu vergeben. Sie sind davon überzeugt, daß kein Leid in der Welt schlimmer sein könne als ihr Leiden an eigenen Unzulänglichkeiten. Welch ein bedauerliches Leben müssen sie führen! Sich selbst zuerst zu vergeben und sich zu lieben, ist in der Tat Wahrheit.

Jetzt, in diesem Augenblick, bist du frei von allen Beschränkungen und Begrenzungen. Du bist vollkommen frei geworden. Gott weiß alles über dich. Deine Leiden, Schmerzen, Kümmernisse und falschen Verhaltensweisen gehören der Vergangenheit an. Gott vergibt alles, vergibt alles an dir. Ja. Du bist jetzt frei. Befreie dich von deinen eigenen Fesseln. Freue dich von ganzem Herzen und ganzer Seele.

Kapitel 13

Folge dem Lauf der Natur zum Heilsein und zur Harmonie

Es ist gut, alles in Übereinstimmung mit dem natürlichen Lauf der Dinge auszuführen. Im Laufe der Zeit trägt die Natur uns immer Dinge zu, ob wir uns dessen bewußt sind oder nicht. Die Natur eilt nicht, noch wird sie ungeduldig. Wenn wir alles dem Lauf der Natur überlassen und uns in Harmonie darauf einstellen, können wir mit dem Strom der Zeit fließen, und alles kann sich reibungslos ergeben.

Überläßt man eine offene Wunde sich selbst, bildet sich ein Schorf, und allmählich heilt die Haut. Giftstoffe (wie Erschöpfung und giftige Elemente) und unnötige Dinge werden durch natürliche Ausscheidung und Schwitzen aus dem Körper entfernt; so wird der ursprüngliche Zustand des Körpers wiederhergestellt. Wenn wir auf die gleiche Weise leben, dem natürlichen Lauf der Dinge folgen und nicht gegen ihn angehen, werden wir in Übereinstimmung mit dem Gesetz des Universums leben können. Dieses Gesetz bedeutet, zu dem ursprünglichen, vollkommenen

Selbst zurückzukehren – das heißt zu deiner eigenen Göttlichkeit zurückzukehren.

Alles ist von Anfang an darauf ausgerichtet zu gelingen. Du brauchst nur auf Panik, Ungeduld, Unsicherheit und Angst zu verzichten. Beruhige dich und wisse zu warten, bis die rechte Zeit ganz natürlich kommt.

Erzwinge nichts. Entspanne mehr. Je mehr Gewalt du anwendest, desto mehr Reibung erzeugst du, und dies verhindert, daß alles reibungslos gelingt. Je mehr du leidest, desto mehr solltest du loslassen. Halte nicht den Atem an. Je stärker der Schmerz ist, desto weniger solltest du die Zähne zusammenbeißen. Je ernster du wirst, desto mehr solltest du deine Spannung lockern. Überlasse alles der Natur. Weil du versuchst, alles selbst zu tun, wendest du am Ende Zwang und Gewalt an. Warum versuchst du nicht, die göttliche Kraft zu finden, die in dir ist? Warum versuchst du nicht, sie hervorzuholen? Nicht du bist es, sondern die in dir wohnende göttliche Kraft, die alles vollbringt.

Wahrheit teilt Gott uns immer durch die Natur mit – im Klang des fließenden Wassers, in der sanften Brise, die durch die Bäume weht, in der singenden Stimme eines Vogels und in den wunderschön blühenden Blumen.

Nichts kann uns mehr zur Natur zurückbringen, als in der Natur zu sein und mit ihr in Verbindung zu treten. Laßt uns sanft unsere Augen schließen, der Stimme der Natur lauschen und mit ihr kommunizieren. Gleichgültig wie beschäftigt wir sind, dürfen wir doch nie die Verbindung mit der Natur vergessen. Die große Natur ist lebendig. Die große Natur existiert aus Gottes Willen, und sie ist nach dem Gesetz des Universums gestaltet. Wenn wir auf Unheil oder Unglück treffen, sollten wir als erstes die Verbindung mit der großen Natur aufnehmen. Die Natur wird uns den Atem von tiefer Harmonie schenken, reine Energie in uns fließen und uns erkennen lassen, daß unsere Sorgen unbedeutend sind und wir immer noch Raum zum Wachsen haben.

Die Natur wirkt auf uns ein. Sonne und Wasser schenken uns reichlich grenzenlose Energie. Doch was geben wir denn der Natur, der Sonne und dem Wasser zurück? Obwohl es entscheidend für uns ist, eins mit der Natur zu sein und in Harmonie mit ihr zu leben, tun wir genau das Gegenteil. Wir zerstören die Natur und versuchen auf arrogante Weise, sie zu beherrschen. Doch immer noch toleriert die Natur schweigend den Schaden, den wir mit unserem willkürlichen Handeln verursachen. Aber können wir uns darauf auch weiterhin verlassen? Sobald die Natur explodiert, sind wir völlig hilflos, wie sehr wir unsere Intelligenz auch bemühen. Nichts ist beängstigender als Naturkatastrophen. Was sie verursacht, sind allein unsere falschen Gedanken und Handlungen.

Wenn der Teich zufriert, wird er unbeweglich und uninteressant. Wie wundervoll ist es, daß das Wasser sich bewegt und fließt! Durch sein Fließen erschafft das Wasser in unendlicher Abwechslung eine neue Form nach der anderen. Fließendes Wasser steht nie einen Augenblick still. Es bewegt sich ewig weiter. Wie lebensvoll es ist! Es ist lebendig. Das Wasser selbst ist lebendig und strahlend.

Das menschliche Denken sollte so flüssig sein wie fließendes Wasser. Wie zu Eis erstarrtes Denken ist weder interessant noch freudig. Es kann nichts Neues hervorbringen.

Es ist nicht gut genug, einfach nur empfindlich und sensitiv zu sein, noch ist es gut genug, rauh und grob zu sein. Du kannst nicht als feiner Mensch betrachtet werden, wenn du kein Gleichgewicht erreichst und Mäßigung in jeder Hinsicht. Die Empfindlichen und Sensitiven sorgen sich so viel um andere, daß sie sich selbst erschöpfen. Die Rauhen und Groben ignorieren und irritieren die Herzen anderer zu sehr. In allen Dingen geht durch ein Überwiegen der einen Seite das Gleichgewicht verloren. Daraus erwächst nichts Gutes.

Intellekt, Emotion und die Sinne sind überaus wichtig, aber du sollst dich auf keines von ihnen allein stützen. Wie wundervoll ist es, wenn diese drei Fähigkeiten in Verbindung und Harmonie miteinander stehen!

Ein Vogel kann frei am Himmel fliegen, weil seine Flügel auf beiden Seiten in guter Harmonie miteinander arbeiten. Wenn er sich nur auf seinen rechten Flügel verlegte oder zuviel Kraft nur in seinen linken Flügel gäbe, würde er nicht emporsteigen können. Auch eine wirklich große Person ist wohl ausgeglichen. Selbst wenn deine rechte Seite in Ordnung ist, solltest du nicht nur an dieser Seite hängen. Noch solltest du dich zu sehr nach links neigen, selbst wenn dies die falsche Seite ist.

Wenn ein Vogel sich nach rechts wendet, verlagert er sein Gewicht auf den rechten Flügel. Wenn der Vogel sein

Gleichgewicht immer nur genau in der Mitte hielte, könnte er nur geradeaus fliegen. Wirkliches Gleichgewicht im weitesten Sinne ist, sich manchmal nach rechts zu neigen und manchmal nach links, und dabei letztlich Harmonie zu erzielen.

Besonders in jüngeren Jahren ist es recht schwierig geworden, Menschen zu finden, die ganz und natürlich leben. Jedermann ist gezwungen, nur noch bruchstückhaft zu leben. Wie herrlich wäre es, wenn Menschen natürlich wachsen, natürlich leben, natürlich lieben und mit der Natur verschmelzen könnten! Menschen, die natürlich leben, können auch in Ganzheit leben. Solange wir leben, müssen wir immer das Ganze sehen, das Ganze im Auge haben, und das Ganze erfassen. Wenn du einen Teil deines Selbst in Betracht ziehst, kannst du nur ein kleines Teilbild von dir selbst sehen. Es ist nicht gut, deinen Körper zu leugnen, weil du das spirituelle Leben so sehr liebst; es ist auch nicht gut, das Geistige oder die Seele zu leugnen, weil du den Materialismus so liebst. Das umfassende Harmonisieren und Erschließen sowohl des Spirituellen als auch des Materiellen führt zu einem Leben in Ganzheit. Die in Ganzheit leben können, sind die glücklichsten Menschen auf der Welt.

Teil V
Du kannst dein wahres Selbst entdecken und deine göttliche Aufgabe erfüllen

Kapitel 14

Arbeit und Gelegenheit

Die Zukunft reicht uns immer wieder von neuem die Hand. Um sie fest zu ergreifen, müssen wir immer ein Netz der Neugier um unser tägliches Leben legen, um die Gelegenheit nicht entgleiten lassen. Alle Menschen sind gleichermaßen von wunderbarem Geschick umgeben. Ob wir unsere Augen darauf richten oder nicht, hängt von unserer Einstellung ab.

Die Gelegenheit liegt immer direkt vor unseren Augen. Es gibt kaum einen Menschen, der niemals eine Chance im Leben gehabt hat. Es ist nur die Frage, ob er sie ergriffen hat oder nicht. Wie sollte man eine Gelegenheit ergreifen? Indem man in Übereinstimmung mit dem Gesetz der Natur lebt. Jene, die ihre Gelegenheit nicht ergreifen können, leben in irgendeiner Hinsicht gegen das Gesetz. Das Gesetz der großen Natur bedeutet, mit allem auf der Erde in Harmonie zu schwingen.

Es ist wichtig, daß du deinen Stolz in die Aufgabe legst, die dir im Augenblick anvertraut ist; es wird dir in Zukunft viel Segen bringen. Menschen, die ständig murren und mit ihren Aufgaben unzufrieden sind, sind an ihrem Arbeitsplatz nicht willkommen. Sie sollten umgehend kündigen. Ich bedaure die Arbeitsplätze, die von solchen Personen eingenommen werden. Jeder Ort kann sich auf jede Weise ändern, je nachdem wie du denkst. Selbst wenn der Platz, an dem du dich befindest, nicht passend für dich ist, so strenge dich weiterhin an, deinen Stolz in deine Arbeit zu legen. Eines Tages wirst du wirklich stolz auf deine Arbeit sein. Wer sein Schaffen mit herzlichem Stolz erfüllt, wird immer belohnt werden.

Was solltest du tun, wenn du plötzlich mit Krankheit, einem Unfall oder einem Unglück konfrontiert wirst, genau in dem Augenblick, in dem du etwas erreichen mußt, wenn alles kurz vor der Vollendung steht oder wenn dein Leben von deiner Leistung abhängt? Das ist genau der Augenblick, in dem du deine innere Kraft ganz unter Beweis stellen kannst. Ganz bestimmt kannst du deinen Körper gedanklich beherrschen. Du kannst die Aufgabe bestimmt mit deiner gedanklichen Kraft erfüllen. Je stärker du die Verantwortung empfindest, deine Aufgabe zu erfüllen, desto größere Kraft kannst du aufbringen; und du kannst es immer bewältigen. Wenn allerdings jemand anderes da ist, um auch nur einen kleinen Teil der Arbeit zu übernehmen, oder wenn du dich von anderen abhängig machen willst, um eine Lösung mit Hilfe anderer zu finden, kann die innere Kraft sich nicht zeigen, und du mußt deine Arbeit auf halbem Wege aufgeben.

Zur Zeit spürst du vielleicht den Impuls, die Arbeit aufzugeben, die du begonnen hast. Vielleicht haßt du es, zur Schule zu gehen. Oder du fühlst dich ganz träge und faul bei dem Gedanken, irgend etwas zu tun. Das ist genau der Moment, in dem du deine Stimmung überwinden und dich noch einmal anspornen mußt. Um dein inneres Wesen zu stärken, mußt du jeder Versuchung Herr werden. Die Menschen geraten auf den Weg ohne Wiederkehr, wenn sie einer schwachen Stimmung nachgeben und augenblicklich ihren Versuchungen erlegen sind. Sporne dein inneres Selbst weiter an.

Schon seit Jahren heißt es, Überarbeitung führe zu Krankheit. Doch das ist niemals der Fall. Je mehr wir arbeiten, desto gesünder werden wir – und so soll es auch sein. Wenn du krank wirst von Überarbeitung, dann liegt es daran, daß die Krankheit durch mangelnde emotionelle Stabilität ausgelöst wurde, das Ergebnis von Schwächungen deines Organismus durch Angst, Sorge, Gereiztheit oder gegenseitigen Groll und Haß. Überarbeitung führt niemals zu Krankheit – im Gegenteil: Je mehr du arbeitest, desto grenzenloser fließt deine innere Energie hervor.

Der eigentliche Grund für die Ermüdung bei der Arbeit liegt oft in deinen gedanklichen und emotionellen Einstellungen, zum Beispiel Langeweile oder Groll, Rastlosigkeit und Lethargie, und das Gefühl, daß deine Fähigkeiten nicht angemessen geschätzt oder gewürdigt werden. Alle diese Empfindungen entstehen im Körper aus deinen eigenen Gefühlen. Dein Gehirn vermag nach acht oder gar elf Stunden immer noch so aktiv zu arbeiten wie zu Beginn der Tätigkeit.

Schenke dir immer Worte, die dich inspirieren und anspornen. Solche Worte werden dir Motivation für die nächste Aufgabe oder Arbeit geben. Darüber hinaus werden deine banalen Sorgen und Schwierigkeiten wie weggeblasen.

Es gibt immer jemanden auf dieser Welt, der dich bemerkt. Selbst wenn die anderen dich jetzt nicht anerkennen, brauchst du nicht ungeduldig und frustriert zu sein. Ob andere auf dich achten oder nicht, führe du standhaft durch, was du tun solltest. Eines Tages wird bestimmt deine Chance kommen, hell zu leuchten.

Selbst wenn andere denken, du seist nicht begabt oder kompetent, so bemitleide dich selbst nicht so viel. Die anderen sind die anderen. Es gibt bestimmt etwas, das du tun kannst und die anderen nicht. Erkenne deine schwachen Punkte nicht an. Setze dich statt dessen für deine Stärken ein und entfalte sie weiter. Es gibt immer jemanden, der deine Fähigkeiten bemerkt.

Die Menschen arbeiten nicht für den Profit, sondern für die Freude, vom Arbeiten zu leben.

Kapitel 15

Wissen, Intellekt und Intuition

Wissen ist notwendig im Leben. Doch wenn das Wissen vorauseilt und der Geist hinterherhinkt, dann dient dieses Wissen nicht länger mehr seinem Zweck. Wissen kann im Leben nützlich sein und den Menschen helfen, wenn sie in Schwierigkeiten stecken, aber es kann das Leben auch komplizieren und neue Schwierigkeiten, Härten und Fehlschläge hervorbringen. Wenn wir nicht ständig versuchen, Wissen und Geist zu harmonisieren, können wir das wahre Glück nicht finden.

Wissen ist nur Wissen. Gleichgültig, wieviel mehr Wissen du anhäufen kannst als andere, ist es bedeutungslos, wenn du es nicht aufnimmst und in deiner eigenen Persönlichkeit und in deinem Verhalten zum Ausdruck bringst. Andernfalls bist du wie ein dickes Kind. Wenn ein dickes Kind ißt und ißt und ißt, ohne die aufgenommenen Speisen ganz verdauen zu können, ist das Gegessene vergeudet. Wenn das Kind die Nahrung nicht in Energie umwandeln kann, die zu strahlender Gesundheit und schönen Proportionen führt, ist die Nahrung nicht vollkommen genutzt. Fleisch- und Fettpakete bilden sich hier und da und verunstalten den Leib des Kindes. Mit dem Wissen ist es das gleiche. Wenn du es nicht richtig verdaust, wirst du zu einer häßlichen Person, die eingebildet ist über ihr Wissen.

Alle Zivilisation und Kultur, einschließlich Kunst, Medizin und anderer Wissenschaften, entspringt der göttlichen Weisheit. Du brauchst auf keinen Fall alles abzulehnen, was du für das Gegenteil von Natur hältst. Andererseits brauchst du auch nicht in diese Dinge einzutauchen. Kluge Menschen können den Mittelweg gehen, sich manchmal auf Medizin und Zivilisation stützen und sie bei anderen Gelegenheiten leicht entbehren. Es ist wichtig, Schwierigkeiten zu meistern, indem du von der gottgegebenen Weisheit Gebrauch machst, die dir Intuition und Urteilsvermögen geben, die der Zeit und dem Ort angemessen sind. Die Menschen sollten nicht auf eine starr festgelegte Weise leben, die sich nach einem Extrem orientiert. Wir sollten immer flexibel sein. Das ist nur möglich, wenn du bereit bist, anzunehmen und für alles dankbar zu sein.

Ganz gleich, wieviel Zeit du damit verbracht hast, Wissen zu erwerben, ist dieses Wissen nicht deine eigene, echte Erfahrung. Du hast nur die Erfahrungen und Fakten anderer Menschen gesammelt. Sie sind nicht aus deinem Inneren aufgestiegen. Was du durch andere erfahren hast, ist in deinem Gehirn nur als Wissen gespeichert. Wenn die Zeit kommt, kritische Entscheidungen zu treffen, steht solches Wissen der Intuition, die aus deinem Inneren aufsteigt, nur im Wege. Wer nur Wissen gesammelt hat, ist in einem solchen Augenblick hilflos.

Ob du im Vergleich zu anderen an Intellekt, Intelligenz, Talent, Fähigkeit und so weiter etwas überlegen oder unterlegen bist, ist nicht von Belang. Es ist, als vergliche man die Größe von Eicheln. Sie ist überhaupt nicht von Bedeutung. Tugend hingegen ist eine andere Angelegenheit. Das Maß und die Höhe der Tugend bestimmen die Qualität des Charakters. Man sollte sich bemühen, ein Mensch der Tugend zu werden anstatt eine Person des Intellekts. Auf dem Anstieg zur Tugend empor ist der Intellekt einige Stufen tiefer angesiedelt.

Je unbewußter die Menschen leben, desto mehr Brocken unausgegorenen Halbwissens sammeln sie hier und da auf und stellen sie zur Schau. Weil sie schwer von Begriff sind, fehlt es ihnen an Urteilsvermögen, und sie schlucken alles passiv in sich herein.

Dies führt zu einer Anhäufung allen solchen Halbwissens in den Tiefen des Unterbewußten.

Wenn die Menschen erkranken, verzweifeln oder versagen, steigt einer dieser Brocken nach dem anderen an die Oberfläche des Bewußtseins und verwickelt sie fest in triviales Scheinwissen. Sie hypnotisieren sich selbst mit ihrem eigenen, dunklen Denken und manövrieren sich in die Hilflosigkeit hinein. Das ist nichts als Torheit.

Es ist falsch anzunehmen, daß es gut sei, alles Wissen aufzusaugen. Nimm solches Wissen in dich auf, das dich ermutigt, mit Hoffnung erfüllt und mit einem glücklichen Gefühl zum Leben inspiriert. Verwerfe bewußt solches Wissen, das dich zu Dunkelheit, Befürchtungen und Angst führt.

Man sollte ein Mensch der Tugend werden statt eine Person des Intellekts. Wissen und Intellekt klingen gut, und erstaunlicherweise lassen sich viele Menschen von Wissen und Intellekt bezaubern und blenden. Aber letzten Endes ist Wissen nicht mehr als die Ansammlung oder Erinnerung an frühere Erfahrungen. Kann jemand, der mehr Wissen angesammelt hat als jeder andere, als weise und vollendet bezeichnet werden? Nein. Eine höherstehende Person, die von vielen geachtet wird, ist ein Mensch der Tugend, die weit über den Intellekt hinausgeht.

Wenn wir versuchen, etwas Neues zu erschaffen oder einen Schlüssel zu der Lösung eines Problems zu finden, sammeln wir unsere Aufmerksamkeit, denken scharf nach und konzentrieren unsere Anstrengungen. Aber gleichgültig, wie sehr wir uns bemühen, können wir nur den Lärm von Vergangenheitswissen und anderen Ansammlungen in uns hören. Der Klang von etwas Neuem, etwas Schöpferischem, oder der Schlüssel zu einem Problem kommen alle von Gott.

Das Leben, heißt es, sei eine Reihe von Entscheidungen. Manchmal stützen wir unsere Entscheidungen auf Erfahrung, Wissen und Information, doch in der Mehrzahl der Fälle entscheiden wir am Ende intuitiv. Einfache Gefühle wie Vorlieben und Abneigungen treten vor Erfahrung oder Wissen. Wir können das Leben, das wir wollen, viel besser führen, wenn wir unseren Empfindungen folgen. Intuition ist nämlich eine Antwort, die uns von Gott zufließt.

Nachdem du dein Bestes versucht hast, löse dich völlig von dem anstehenden Problem. Während du ein Bad nimmst, oder während du dich der Bäume und Blumen im Garten erfreust, oder während du dich einfach entspannst, alles hinter dir läßt und vergißt, kann die Antwort dir wie ein Blitz der Intuition begegnen. Nicht alle Probleme werden nur durch unsere täglichen Anstrengungen gelöst. Alles ist nur zu erreichen, wenn menschliche Bemühung und göttliche Weisheit zusammenkommen.

Öffne die Augen. Die sichtbare Welt ist nicht die einzige Welt. Um dies wirklich zu erfahren, mußt du Intuition entwickeln und spirituell erwachen. Dabei wirst du deutlich sehen, daß eine majestätische unsichtbare Welt existiert, und daß ihre Verbindung mit uns niemals durchtrennt werden kann. Mit diesem Gewahrsein wirst du den endlosen Schwierigkeiten reibungslos entkommen können, die dich bis heute belastet haben.

Kapitel 16

Lebe frei für dich, erkenne dich selbst und sei dir treu

Gerade jetzt ist es nötig, daß du aus eigener Einsicht einen Weg vollkommener Freiheit entdeckst: Freiheit von gedanklicher Beschränkung, Freiheit von äußeren Fesseln, Freiheit von den Ketten menschlicher Beziehungen. Du mußt in allem frei sein. Du brauchst nicht und von niemandem gebunden zu sein. Lebe so frei, wie du selbst es wünschst. Nichts ist so lohnend im Leben wie der Weg, den du selbst gewählt und beschlossen hast.

Wir dürfen niemals denken, daß unsere frühere Lebensweise unsere einzige sei. Es gibt zahllose unterschiedliche Lebensweisen auf der Welt. Wenn du besessen bist von konventionellem Denken und nur innerhalb dieses Rahmens zu leben vermagst, kannst du keine wirklich sichere Lebensweise finden. Lerne die geräumige, tiefe und endlose Welt kennen. Fliege mutig aus der Welt der Konvention hinaus. Dort wirst du die unerschütterliche Existenz der Welt jenseits der Konvention finden, wo spirituell erwachte Menschen in Freiheit und wahrem Frieden leben.

Manche Menschen sind zu unsicher, um ohne die ständigen Anweisungen von anderen zu leben. Mangels Selbständigkeit tanzen sie nach den Pfeifen anderer und stellen solche Lebensweisen überhaupt nicht in Frage. Diese Menschen entweihen das Leben und die gottgegebenen Aufgaben der Menschen. Der erste Schritt zur Erleuchtung heißt, diese Wahrheit zu erkennen: Jeder bestimmt sein Schicksal selbst. Kein anderer sonst kann es beherrschen.

Richte dein Denken oder Handeln nicht nach dem, was andere Menschen denken mögen. Das ist eine erbärmliche und ängstliche Einstellung. Wir leben nicht für andere. Lebe für dich selbst. Habe mehr Vertrauen. Sei ehrlich mit dir selbst. Weil du immer lebst, wie andere es von dir wünschen oder erwarten, kannst du dich aus deinem beunruhigten, traurigen, weinerlichen und reizbaren Gemütszustand nicht befreien.

Gefühlsausbrüche, wütende Verstimmung und gedankliches Chaos erwachsen aus Selbsttäuschung, wenn du versäumst, dir selbst gegenüber treu zu sein; sie führen zu Krankheiten, Verletzungen, Unfällen und Selbstzerstörung. Nichts ist so sündig wie Selbsttäuschung. Wenn du ehrlich und aufrichtig zu dir selbst bist, brauchst du keine unnötigen Lasten zu tragen.

Wenn du dir deiner selbst nicht ganz bewußt bist, wachsen Stolz und Eifersucht unerkannt in deinem Herz jeden Tag, jede Stunde und jeden Augenblick. Wenn du es schließlich bemerkst, sind solche Gedanken und Gefühle bereits über alle Maßen gewachsen und ziehen dich in die falsche Richtung, auf einen Pfad hinab, von dem du dich nicht mehr umwenden oder zurückkehren kannst. Wenn ein Herz sich täglich selbst betrachtet und prüft, gibt es dieser Art von Wildwuchs keine Chance, sich auszubreiten.

Engstirnige, kleinliche oder egozentrische Menschen begrenzten Horizonts reagieren immer mit Angriff oder Verteidigung auf Vorwurf, Ermahnung, Tadel oder Warnung durch andere – ob solche Kritik berechtigt ist oder nicht. Sie sind verzweifelt bemüht, sich zu schützen und zu verteidigen. Weitherzige, selbstlose Menschen mit weitem Horizont sind durch nichts zu erschüttern, was auch geschieht; sie sind nicht im geringsten gerührt. Sie bleiben ruhig und versuchen nicht einmal, sich zu rechtfertigen. Sie lassen andere Menschen denken, was sie wollen, und bleiben unbewegt. Ganz gleich, wie die anderen sie sehen, ist es für sie in Ordnung, weil sie sich selbst sehr gut kennen.

Viele Menschen verstecken, was sie sind, und versuchen immer, besser zu erscheinen, als sie tatsächlich sind. Sie sorgen sich intensiv um das, was andere von ihnen denken könnten, achten auf Erscheinung und Form und führen ein Leben des Scheins. Am Ende ersticken sie sich dadurch selbst. Sie kennen weder die Freude eines auf Wahrheit beruhenden Lebens noch verspüren sie den Anreiz, ein solches Leben zu beginnen. Sie leben in einer hohlen Welt. Sie sollten rasch ihre starre Rüstung ablegen, zu ihrem wahren, unmaskierten Selbst zurückkehren und mit Kraft und in Freiheit leben.

Wirf einen neuen Blick auf dich selbst. Kehre zurück zu deinem natürlichen Selbst. Du solltest ohne Maske leben. Kehre zurück zu deinem wahren Selbst. Was ist so abschreckend daran, dein ehrliches Selbst zu zeigen? Was fürchtest du? Warum bist du so ängstlich? Wie schmerzhaft muß es sein, zeitlebens sogar dich selbst zu täuschen! Kehre mutig zu deinem eigentlichen Selbst zurück, und Krankheit und Schmerz werden augenblicklich verschwinden.

Du kannst nichts anderes werden als du selbst. Ganz gleich, welche Ansprüche und Anmaßungen du auch hast: Du bist du. Selbst wenn du dein wahres Ich unterdrückst und versuchst, jemand ganz anderes zu werden – weil andere Menschen in deinen Augen wundervoller scheinen –, wirst du andere damit nicht anziehen. Der wesentlichste Pfad ist, natürlich zu handeln – genau so, wie du bist – und deine Unzulänglichkeiten als das anzuerkennen, was sie sind. Lerne dein wahres Selbst ohne irgendeine Verkleidung oder Maske kennen, und lerne, ihm Ausdruck zu verleihen. Das ist der Weg zum Glück.

Kapitel 17

Laß die Vergangenheit hinter dir, lebe jetzt und hoffe für die Zukunft

Werde von heute an völlig neugeboren. Das Ich, das sich unnötig über alles und jedes sorgt, existiert nicht mehr. Sei das Selbst, das über ein lichtes Morgen voller Hoffnung träumt.

Laßt uns dem banalen, trivialen Sein ein Ende bereiten. Du hast dich mehr als notwendig über unwichtige Dinge bekümmert. Du hast ständig durch dumpfes Brüten über Kleinigkeiten deine Nerven strapaziert und aufgerieben. Dessen solltest du nun überdrüssig sein. Werde dieses Selbst der Vergangenheit los.

Wenn du große Anstrengungen unternimmst, um die Menschen um dich herum zu ändern, wird dein Bemühen vergeblich sein. Wenn du andere verändern willst, mußt du zuerst dich selbst verändern. Wenn du dich nicht bewußt anstrengst, ist es nicht einfach, dich selbst zu verändern. Aufgrund langjähriger Gewohnheiten wirst du in deine alten Verhaltensweisen zurückgleiten, ehe du es merkst. Klagen, Unzufriedenheit und Gereiztheit sind deine Denkgewohnheiten. Wenn du bewußt anfängst, solche negativen Gedanken durch lichtvolles, positives Denken zu ersetzen, sobald sie in dir aufsteigen, wirst du bald feststellen, daß du völlig verwandelt bist.

Die Menschen hegen zahllose falsche Ideen und Vorstellungen. Blinde Überzeugungen über sich selbst sind besonders schlecht. Sprenge den Rahmen der Selbstbegrenzung so bald wie möglich. Andernfalls wirst du für den Rest deines Lebens nicht erreichen können, was zu erreichen du fähig sein solltest.

Dein Charakter und deine Gedanken formen sich entsprechend deiner Vergangenheit. Sie sind ebenso die Früchte deiner Vergangenheit wie deine Reaktionen auf die Dinge, die du in der Vergangenheit erlebtest. Hast du den Wunsch, deinen Charakter und dein Denken zu verändern, so trenne dich jetzt von deiner Vergangenheit, und lebe diesen Tag völlig neu.

Heute ist das Resultat von Gestern und die Ursache von morgen.

Jetzt ist die Zeit, dein verborgenes Potential ans Licht zu holen. Es ist jetzt oder nie. Warum zögerst du noch? Warum hast du einen solchen Komplex deswegen? Was hält dich davon ab, unverzüglich zu handeln? Es ist nicht nötig zu zögern. Komm, jetzt gleich, in diesem Augenblick, und fange an, deine Gedanken und Wünsche in die Tat umzusetzen. Dann wird sich eines nach dem anderen fügen. Solange du nur denkst, kannst du nichts wirklich erreichen.

Jeden Augenblick entstehst du neu. Du hast keine Zeit, dich von vergangenem Geschehen beunruhigen zu lassen. Du mußt viel zu beschäftigt sein, um irgend etwas zu bedauern, und sei es nur für eine Sekunde. Alles verschwindet in diesem Augenblick der Neugeburt. Erwache in die Erkenntnis, daß du augenblicklich neugeboren wirst – und erkenne es an.

Jeder Augenblick ist ein neuer Augenblick.

Wahrheit existiert in jedem und allem. Wie schnell du sie erkennst und zum Ausdruck bringst, hängt von dir ab. Du hast die Freiheit, sie zu verzögern, aufzuschieben oder für immer darauf zu verzichten. Doch in dem Augenblick, in dem du aufhörst, sie auch nur einen einzigen Tag vor dir herzuschieben, ist die Wahrheit da, genau vor deinen Augen. Sie hatte nur darauf gewartet, daß du sie bemerkst.

Nutze den Augenblick. Lebe diesen Augenblick mit aller Macht. Knausere nicht mit deiner Energie. Bringe sie hervor, und nutze sie ganz. Spare keine Kraft für morgen auf. Mache dir keine Sorgen um das Morgen. Wenn du diesen Augenblick vollkommen lebst, wenn du etwas in diesem Augenblick ergreifst, dann hast du die Basis für dein zukünftiges Glück für den Rest deines Lebens gelegt.

Wie bist du zu dem geworden, was du heute bist? Wie solltest du dich ändern? Deine täglichen Gedanken haben dich zu dem gemacht, was du jetzt, in diesem Augenblick, bist. Durch Verändern deiner früheren Denkgewohnheiten in völlig neue kannst du die Verbindung von deinem alten Selbst lösen und anfangen, ein neues Selbst zu werden. Neue Denkgewohnheiten bilden sich durch ständiges Denken an Gott und durch heiteres und bejahendes Leben voller Hoffnung für die Zukunft.

Um zu leben, dürfen wir keinen Augenblick die Hoffnung verlieren. Wir müssen jede Anstrengung unternehmen, unsere Hoffnungen zu verwirklichen. Wenn du im Begriff bist, die Hoffnung zu verlieren, ist es das Wichtigste, von ganzem Herzen zu wissen, daß deine Hoffnung dich nicht verlassen hat; du bist es vielmehr, der anfängt, die Hoffnung loszulassen.

Es kann sehr wichtig sein, dir deinen zukünftigen Erfolg weiter auszumalen, die Zähne zusammenzubeißen und dir zu sagen: »Warte nur ab.« Aufgrund deiner Gefühle wie Eifersucht und Neid, Verdruß, Frustration und Wut und dank deiner Abneigung gegen ein Scheitern kannst du wachsen. Diese Gefühle können eine motivierende Kraft für dich und deine Entwicklung freisetzen. Wenn du dir ständig deine lichte Zukunft vorstellst und ausmalst, wird dir eines Tages dieses, dein Zukunftsbild in der Wirklichkeit begegnen.

Hoffnung geht immer in Erfüllung. Solange du diese Hoffnung nicht aufgibst und sie nicht verwirfst, wird sie immer Wirklichkeit werden. Die Hoffnung wird sich zeigen, wenn du sie gerade nicht erwartest. Sie wird das ganz bestimmt tun.

Durch standhaftes Hoffen können die Menschen sich vor Gift und Krankheit schützen und ihrer Immunabwehr helfen, perfekt zu arbeiten. Gib niemals irgend etwas auf. In dem Augenblick, in dem du aufgibst, stürzt alles zusammen.

Wenn du dir dich nicht in einer hoffnungsvollen und strahlenden Zukunft vorstellen kannst, ist es das gleiche, als gäbst du zu, von nun an keinen einzigen Schritt weiterkommen zu können. Wie arm du spirituell, körperlich oder wirtschaftlich auch sein magst, ist es immer noch sehr wichtig für dich, dir deine helle Zukunft auszumalen.

Stellst du dir eine elende Zukunft vor, wird sie durch die Macht des Unterbewußtseins zur Wirklichkeit werden. Stelle dir statt dessen – auch wenn es schwierig sein mag – eine glückliche Zukunft vor, in der du von Menschen umgeben bist. Wenn du auf diese Zukunft hoffst, Tag für Tag, wird sie am Ende kommen. Sie wird bestimmt kommen.

Kapitel 18

Göttliches Selbst und göttliche Aufgaben

Du brauchst kein sensationelles Talent. Es besteht absolut keine Notwendigkeit, die Aufmerksamkeit der Menschen auf irgendeine deiner Begabungen zu ziehen. Statt dessen stehe fest auf der Erde und entwickle dich als ein Mensch, der die größte Freude darin findet, Schritt für Schritt sein wahres, göttliches Selbst zu offenbaren; das ist die edelste und lohnendste Tätigkeit. Deine Konkurrenz sind nicht die anderen. Der Rivale bist du selbst.

Das Herz des Menschen ist wirklich seltsam. In jedem Menschenherzen wohnt ein strenges Gewissen. Um unserem schuldigen Gewissen zu entfliehen – dem Konflikt, der aus vernachlässigter Pflicht, Anstrengung oder Geduld entsteht –, rechtfertigen wir uns viel und versuchen so, unsere Schuld leichter zu machen. Als Folge täuschen wir uns selbst, indem wir angestrengt versuchen, uns einzureden, daß es auf diese Weise besser gewesen sei oder daß es keinen anderen Weg gegeben habe. Mit solchen unbewußten Verteidigungsmaßnahmen schützen wir uns vor unserem eigenen schlechten Gewissen. Deshalb verlieren wir den Blick auf das, was in den innersten Winkeln unseres Herzens liegt: unser wahres, göttliches Selbst. Wenn wir weiterhin unser eigenes Herz täuschen und uns rechtfertigen, wird eine große Umwälzung entstehen, um solche Gedanken zu reinigen, die das wahre, göttliche Selbst verhüllen.

Menschen mit unreifem Denken und Geist versuchen, anderen das vorzuwerfen, für das sie selbst verantwortlich sind. Sie gehen nicht daran, die Dinge direkt anzuschauen; statt dessen versuchen sie fortzulaufen. Solche Menschen wachsen nie. Sie mögen zwar körperlich ganz reif sein, aber ihr Geist ist mit zwölf oder dreizehn Jahren in seinem Wachstum stehengeblieben. Wenn diese Menschen aufhören, ihre Verantwortung auf andere abzuschieben, können sie erst echte Erwachsene werden. Erst wenn sie den Mut haben, die Verantwortung für ihr Handeln und alle Konsequenzen anzunehmen, beweisen sie den echten Geist des Erwachsenen.

Warum machst du dich von anderen abhängig? Du wurdest betrogen, weil du dich auf sie verlassen hast. Verlasse dich nicht auf andere. Sich auf andere zu verlassen, führt zu keiner Lösung. Selbst wenn andere dir etwas geben, das eine Lösung zu sein scheint, ist das Problem in Wirklichkeit nur vorübergehend gelöst. Erkennst du nicht, daß deine Kraft proportional zu deiner Abhängigkeit von anderen verlorengeht? Wenn du das Gefühl hast, von anderen abhängig zu sein, warum wechselst du nicht die Richtung und verläßt dich auf dich selbst? Ist es, weil du nicht genug Vertrauen in dich selbst hast? Nichts verdirbt die Menschen so sehr wie Abhängigkeit. Sei jemand, der sich auf sein wahres, göttliches Selbst verlassen kann.

Sei klar und deutlich. Dein Denken sollte am besten einfach sein. Formuliere deine Gedanken für jeden klar verständlich. Wenn dein Denken komplex und verwickelt ist, weißt vielleicht nicht einmal du selbst, was du tun sollst. Anstatt zwischen verschiedenen Meinungen hin- und herzuschwanken und zu denken: »Das ist es nicht, und jenes ist es auch nicht«, verwirf lieber deine Gedanken, deine inneren Zweifel und deine Vorstellungen. Leere dein Denken so, daß du frische Inspiration von deinem wahren, göttlichen Selbst empfangen kannst.

Ganz gleich, wie heftig der Wirbelsturm tobt, ist sein Auge, sein Zentrum absolut ruhig und friedlich. Deine Mitte, dein wahres, göttliches Selbst ist ebenfalls niemals verstört durch irgendein Leiden, irgendeinen Kummer.

Du weißt bereits, daß dieses Universum sich nach einer gewissen Ordnung entwickelt. Du weißt auch, daß du von einem unsichtbaren Faden geführt wirst, während du in Übereinstimmung mit der Evolution des großen Universums lebst. Du weißt, daß du augenblicklich untergehen wirst, sobald du von dem Gesetz des Universums abweichst. Du weißt auch, daß du zusammen mit der großen Natur existierst, daß du in Harmonie mit allen Wesen lebst und gedeihst. Doch heute weichen mehr und mehr Menschen von dem universellen Gesetz ab. Eine stets wachsende Zahl von Menschen ist unfähig, spirituelle oder göttliche Energie wahrzunehmen. Am Ende wird eine

Zeit kommen, da alle untergehen werden – es sei denn, wir werden uns der göttlichen Kraft, die in uns liegt, deutlich bewußt.

Es gibt einige Menschen, die sich zuviel Sorgen machen über etwas; es gibt andere, die sich um Belanglosigkeiten ernsthaft bekümmern. Das sind jene Menschen, die im Leben oft verlieren. Trotz der Tatsache, daß sie sich mehr als andere den Kopf zerbrechen, können sie nichts Entsprechendes erreichen. Oft fehlt es diesen Menschen bei all ihrem Beginnen an Vertrauen, und sie fühlen sich immer unsicher und ängstlich. Sie stellen sich Dinge vor, die nicht geschehen sind, und sorgen sich unnötigerweise um das, was man unternehmen müßte, wenn sie tatsächlich geschehen wären. Für diese Menschen ist es nötig, daß sie ihr Denken auf der Stelle zu ändern lernen. Glaube an deine göttlichen Aufgaben und tue dein Bestes, um sie zu erfüllen – das sagt alles.

In dieser Welt halten sich die Menschen gewöhnlich an Regeln und Sitten fest, lernen akademische Fächer, machen Anstrengungen und zeigen Ausdauer, erwerben hohen Intellekt und Wissen und verlegen sich auf eine Beschäftigung. Manche beschreiten einen religiösen Pfad, um gute Taten zu vollbringen und arbeiten mit Hingabe daran. Aber was ist der Sinn ihres Lebens? Erfolg, Ehre, Macht, Wohlstand oder Glück?

Solange das Denken der Menschen ein starkes Interesse an diesen Dingen hat, läßt es sich nicht vermeiden, daß diese Welt in zwei Lager auseinanderfällt: Glück und Unglück, Erfolg und Versagen, Frieden und Krieg. Die göttliche Aufgabe der Menschen besteht darin, durch ihre Lebensweise ein Sein zum Ausdruck zu bringen, das jenseits dieser Spaltung existiert. Es zeigt sich durch Tugend. Es gibt nichts mehr zu lernen in dieser Welt der Spaltung. Die Regeln und Gesetze der Welt sind für Menschen da, um andere Menschen zu beurteilen. Doch wenn wir die Ebene der Regeln und Gesetze hinter uns lassen und in Freiheit, Liebe und Vergebung leben – dann haben wir unsere göttliche Aufgabe erfüllt.

Warum leben nur die Menschen in ständiger Sorge? Tiere und Pflanzen sorgen sich überhaupt nicht. Nie sehen wir einen Hund, der sich bemüht, ein Löwe zu sein; nie hören wir von einer Chrysantheme, die ungeduldig drängt, eine Rose zu werden. Alle Dinge in der Welt der Natur leben, um die Aufgabe zu erfüllen, die ihnen gegeben ist, und leben in voller Zufriedenheit mit dem, was sie sind.

Nur die Menschen versuchen krampfhaft, etwas anderes zu sein, als sie sind. Ohne zu merken, daß sie herrliche Gaben besitzen, die anderswo nicht zu finden sind, richten die Menschen ihren Blick immer auf andere, beneiden sie und versuchen ungeduldig, jemand anderes zu sein. Gott gibt nicht jedem das gleiche. Gott gibt jeder Person das, was nur von dieser Person zum Reifen und Fruchttragen gebracht werden kann. Blicke in dein eigenes inneres Sein, und versuche, deine göttliche Aufgabe zu erfüllen. Dann wirst du keine Schwierigkeiten haben.

Du bist auf diese Welt gekommen mit einigen Aufgaben, die dir von Gott gegeben sind. Wie viele andere, kannst jedoch auch du ohne Ziel leben und in Unwissenheit über deine Aufgaben. Vergiß nicht, daß die Umstände, in die du gestellt bist, in diesem Augenblick deine kostbare Aufgabe sind. Es mag eine kleine Aufgabe sein, die dir unbedeutend erscheint. Doch durch Ansammeln kleiner Aufgaben erreichst du eine große Aufgabe. Übersieh oder unterschätze nie den Wert irgendwelcher Umstände.

Die Erfüllung deiner eigenen, göttlichen Aufgaben besteht darin, deine von Gott anvertrauten Charakteristika, Fähigkeiten und Talente so weit wie möglich zum Leben zu erwecken. Die Befähigung dazu ist von Person zu Person verschieden. Du mußt Anstrengungen unternehmen, um dich selbst zu entdecken und beharrlich deinem eigenen Weg folgen. Die Nachahmung anderer – das heißt: dich selbst zu verlieren – ist dein größter Feind.

Du bist zu keinem anderen Zweck auf diese Welt gekommen, als um Glück, Harmonie und Frieden für viele andere Menschen zu bereiten.

Nichts ist so töricht wie das Vorurteil, daß du etwas nicht vollbringen könnest oder es deine Fähigkeiten übersteige – noch bevor du es versuchst. Wenn du alles in deinem Denken im voraus beurteilst, kannst du niemals auch nur einen Schritt weiterkommen oder als Mensch wachsen. Erfahrung zu gewinnen, ist die einzige Aufgabe für das Wachstum des Menschen. Weil dir Erfahrung mangelt, zögerst du, läßt dich verwirren und triffst Entscheidungen ohne rechten Überblick. Du brauchst nur eines zu tun: Gehe einen Schritt nach vorn und gewinne eine neue Erfahrung. Spring los! Ein Weg ist bereits da. Der Weg steht dir offen.

Es gibt nur zwei Dinge, die du in diesem Leben tun mußt: Diene und nütze anderen so viel wie möglich und poliere dein inneres Sein bis zu seiner vollsten Strahlkraft.

Über die Autorin

»Verhalte dich zu niemandem arrogant, zeige niemandem Zorn, schelte niemanden, behindere niemanden, grolle niemandem, beschimpfe niemanden, hasse niemanden, mache niemanden traurig, kritisiere niemanden, verletze niemanden, diskriminiere niemanden, verrate niemanden, sei auf niemanden eifersüchtig, vergib jedem – so zu sein, sollten wir immer hoffen.«

Wenn auch Sie gerne so leben möchten – und wünschen, daß auch der Rest der Welt so lebte –, dann werden Sie auf die Worte in *Der Weg des friedvollen Herzens* ansprechen, einem Buch des spirituellen Geleits und der Inspiration von einer Frau, die ihr Leben dem Frieden der Welt gewidmet hat.

Masami Saionji ist die Vorsitzende der *World Peace Prayer Society,* einer internationalen Organisation, die ihr Adoptivvater, Masahisa Goi, gegründet hatte.

Frau Saionji stammt aus der königlichen Ryukyu-Familie von Okinawa und erhielt ihre Ausbildung in den Vereinigten Staaten und in Tokio. Sie studierte an den Universitäten von Michigan und Stanford. Zusammen mit ihrem Mann, dem Urenkel eines Premierministers, hat sie drei Töchter.

Drei Jahre lang schrieb Frau Saionji die Kolumne »Daily Guidance« für eine japanische Zeitschrift. *Der Weg des friedvollen Herzens* entstand aus diesen täglichen Worten des Geleits. Ihre früheren Bücher wurden in Japan veröffentlicht.